O 18 DE BRUMÁRIO
DE LUÍS BONAPARTE

Karl Marx

O 18 DE BRUMÁRIO DE LUÍS BONAPARTE

Tradução
Nélio Schneider

Inclui prólogo de Herbert Marcuse

BOITEMPO

Traduzido do original alemão *Der achtzehnte Brumaire des Louis Bonaparte*, em Karl Marx, Friedrich Engels, *Werke* (Berlim, Dietz, 1960, v. 8), p. 111-207

Coordenação editorial	Ivana Jinkings
Editora-assistente	Bibiana Leme
Assistência editorial	Carolina Malta e Livia Campos
Tradução	Nélio Schneider
Preparação	Pedro Paulo da Silva
Índice onomástico	Gustavo Assano e Rubens Enderle
Diagramação	Antonio Kehl capa sobre desenho de Gilberto Maringoni ilustração da p. 2 de N. Khukov (década de 1930)
Coordenação de produção	Juliana Brandt
Assistência de produção	Livia Viganó

CIP-BRASIL. CATALOGAÇÃO-NA-FONTE
SINDICATO NACIONAL DOS EDITORES DE LIVROS, RJ

M355d

Marx, Karl, 1818-1883
O 18 de brumário de Luís Bonaparte / Karl Marx ; [tradução e notas Nélio Schneider ; prólogo Herbert Marcuse]. - São Paulo : Boitempo, 2011.
(Coleção Marx-Engels)

Tradução de: Der Achtzehnte Brumaire des Louis Bonaparte
Contém cronologia e índice
ISBN 978-85-7559-171-0

1. França - História - Golpe de Estado, 1851. 2. França - História - Revolução de Fevereiro, 1848. 3. França - História - Segunda República, 1848-1852. I. Título. II. Título O 18 de brumário de Luís Bonaparte. III. Série.

11-1026. CDD: 944.06
CDU: 94(44)"1848/1852"

1ª edição: março de 2011;
13ª reimpressão: abril de 2025

BOITEMPO
Jinkings Editores Associados Ltda.
Rua Pereira Leite, 373
05442-000 São Paulo SP
Tel.: (11) 3875-7250 / 3875-7285
editor@boitempoeditorial.com.br | boitempoeditorial.com.br
blogdaboitempo.com.br | youtube.com/tvboitempo

SUMÁRIO

NOTA DA EDITORA

Este trabalho de Marx, redigido entre dezembro de 1851 e fevereiro de 1852, ganhou sua primeira impressão no final de maio de 1852, com o título *Der 18te Brumaire des Louis Napoleon* [O 18 de brumário de Luís Napoleão], no primeiro fascículo da revista *Die Revolution: Eine Zeitschrift in Zwanglosen Heften*, publicada por Joseph Weydemeyer (ver fac-símile na página 24). O texto que agora apresentamos tem por base a segunda edição, revisada por Marx em 1869, em Hamburgo (*Der achtzehnte Brumaire des Louis Bonaparte*, em Karl Marx, Friedrich Engels, *Werke*. Berlim, Dietz, 1960, v. 8, p. 111-207).

Aqui, Marx analisa o golpe de Estado que Luís Bonaparte desferiu na França em 2 de dezembro de 1851. Desenvolve, com base no exemplo francês, o estudo do papel da luta de classes como força motriz da história e evidencia o caráter limitado e contraditório da democracia burguesa. A obra aprofunda a teoria do Estado, sobretudo no que tange à doutrina da ditadura do proletariado, e demonstra que todas as revoluções burguesas apenas assumiram o antigo aparato estatal e o aperfeiçoaram para oprimir as classes espoliadas. Embasado por essa observação, Marx propõe, pela primeira vez, a tese de que o proletariado não deve assumir o velho aparato estatal, mas desmantelá-lo.

É com obra de tal importância para o estudo do pensamento marxiano que a Boitempo Editorial atinge o marco de dez volumes lançados pela coleção Marx-Engels, sempre em traduções diretas do alemão e com a participação de especialistas nos fundadores do marxismo. A relação completa da coleção está disponível na página 175 deste volume.

Para enriquecer a publicação de *O 18 de brumário de Luís Bonaparte*, selecionamos um texto de Herbert Marcuse escrito como epílogo para a edição de 1965 da editora Insel (Frankfurt). Nesse texto, inédito em português, Marcuse fala, já sob a luz do século XX, a respeito da interpretação de Marx acerca do golpe de Napoleão III. A editora agradece a Peter e Harold Marcuse, que autorizaram sua inclusão.

Os critérios editoriais adotados neste volume seguem os da coleção: na ausência de notas do autor, as notas com numeração contínua são do editor alemão (com ocasionais adaptações do tradutor). As notas com asteriscos são do tradutor quando aparecem junto com "N. T.", da edição brasileira quando com "N. E." e da tradução de Saul K. Padover para o inglês (disponível em http://www.marxists.org/archive/marx/works/1852/18th-brumaire/index.htm) quando com "N. T. I.". Para destacar as inserções do tradutor ou da editora nos textos originais são usados colchetes. Esse recurso foi utilizado para esclarecer passagens, traduzir termos escritos pelo autor em outras línguas que não o alemão ou ressaltar expressões no original cujo significado poderia ser traduzido de forma diferente. Para destacar as ênfases de Marx em alguns trechos do texto, foi adotado o itálico.

A ilustração de capa, na qual Marx pisa displicentemente no retrato de Luís Napoleão, é de autoria de Gilberto Maringoni. A publicação vem ainda acompanhada de um índice onomástico das personagens citadas no texto principal e de uma cronobiografia resumida de Marx e Engels – que contém aspectos fundamentais da vida pessoal, da militância política e da obra teórica de ambos –, com informações úteis ao leitor, iniciado ou não na obra marxiana.

março de 2011

PRÓLOGO

Herbert Marcuse*

A análise que Marx faz do processo de evolução da Revolução de 1848 para o domínio autoritário de Luís Bonaparte antecipa a dinâmica da sociedade burguesa tardia: a liquidação do seu período liberal que se consuma em razão da sua própria estrutura. A república parlamentarista se transforma num aparato político-militar encabeçado por um líder "carismático" que tira das mãos da burguesia as decisões que essa classe não consegue mais tomar e executar por suas próprias forças. Simultaneamente sucumbe, nessa fase, o movimento socialista: o proletariado sai de cena (por quanto tempo?). Tudo isso já é século XX – mas é século XX na perspectiva do século XIX, que ainda não conhece o horror do período fascista e pós-fascista. Esse horror exige uma correção das sentenças introdutórias de *O 18 de brumário*: os "fatos e personagens da história mundial" que ocorrem, "por assim dizer, duas vezes", na segunda vez, não ocorrem mais como "farsa". Ou melhor: a farsa é mais terrível do que a tragédia à qual ela segue.

A república parlamentarista incorre numa situação em que só resta uma escolha à burguesia: "Despotismo ou anarquia. Ela, na-

* Originalmente publicado como epílogo em *Der achtzehnte Brumaire des Louis Bonaparte* (Frankfurt, Insel, 1965, p. 143-50). Aqui publicado com a permissão de Peter Marcuse, executor literário de Herbert Marcuse, cuja autorização é necessária para qualquer publicação posterior. Materiais complementares de trabalhos inéditos de Herbert Marcuse, agora no arquivo da Universidade Goethe, em Frankfurt, estão sendo publicados em inglês pela editora Routledge, em uma série de seis volumes, organizada por Douglas Kellner, e em alemão pela editora Klampen, também em uma série de seis volumes, organizada por Peter-Erwin Jansen. Todos os direitos de publicação são de propriedade do executor literário. (N. E.)

turalmente, optou pelo despotismo". Marx conta a anedota do Concílio de Constança, segundo a qual o cardeal Pierre d'Ailly respondeu aos defensores da reforma dos costumes: "O único que ainda pode salvar a Igreja católica é o diabo em pessoa e vós rogais por anjos"[1]. Hoje nem mesmo o desejo de que os anjos intervenham continua na ordem do dia. Mas como se chegou a essa situação em que a sociedade burguesa só pode ainda ser salva pela dominação autoritária, pelo exército, pela liquidação e traição das suas promessas e instituições liberais? Tentemos resumir o universal que Marx torna manifesto em toda parte nos acontecimentos históricos particulares.

"A burguesia tinha a noção correta de que todas as armas que havia forjado contra o feudalismo começavam a ser apontadas contra ela própria, que todos os recursos de formação que ela havia produzido se rebelavam contra a sua própria civilização, que todos os deuses que ela havia criado apostataram dela. Ela compreendeu que todas as assim chamadas liberdades civis e todos os órgãos progressistas atacavam e ameaçavam a sua *dominação classista* a um só tempo na base social e no topo político, ou seja, que haviam se tornado '*socialistas*'."[2]

Essa inversão é manifestação do conflito entre a forma política e o conteúdo social da dominação da burguesia. A forma de dominação política é a república parlamentarista, mas em países "com estrutura de classes evoluída" e modernas condições de produção, a República "só pode representar a forma de revolução política da sociedade burguesa e não a sua forma de vida conservadora"[3]. Os direitos à liberdade e à igualdade conquistados contra o feudalismo, que são definidos e instaurados nos debates, compromissos e decisões parlamentares, não se deixam circunscrever ao âmbito do Parlamento e dos limites

---

1 Karl Marx, *Der achtzehnte Brumaire des Louis Bonaparte* (Berlim, Verlag für Literatur und Politik, 1927, p. 124 [150]). [As indicações de páginas entre colchetes se referem à presente tradução para o português. (N. E.)]

2 Ibidem, p. 64s. [80].

3 Ibidem, p. 30 [36].

por ele traçados: eles são generalizados nas lutas e nos interesses de classe extraparlamentares. A própria discussão parlamentar na sua forma liberal-racional (no século XX, ela também já foi descartada e transformada em passado) "transformou em ideias universais" cada interesse, cada instituição social: o interesse particular da burguesia tomou o poder como interesse geral da sociedade. Mas a ideologia, tornando-se oficial, compele à sua realização. Os debates no Parlamento têm continuidade na imprensa, nos bares e salões, na "opinião pública". "O regime parlamentarista submete tudo à decisão das maiorias; como poderiam as maiorias que estão além do Parlamento querer não decidir? Se vós que estais no topo do Estado tocais o violino, por acaso não esperais que os que estão lá embaixo dancem?"[4] E "os que estão lá embaixo" são o inimigo de classe ou os não privilegiados da classe burguesa. Aqui liberdade e igualdade têm um sentido bem diferente – um sentido que ameaça a dominação estabelecida. A generalização e a realização da liberdade não são mais do interesse da burguesia; isso já é "socialismo". Onde se originou essa dinâmica nefasta? Onde se pode captá-la? O espectro ameaçador do inimigo parece estar em toda parte, inclusive no próprio arraial. A classe dominante se mobiliza para liquidar não só o movimento socialista, mas também as suas próprias instituições, que entraram em contradição com o interesse da propriedade e do negócio: os direitos civis, a liberdade de imprensa, a liberdade de reunião, o direito ao sufrágio universal foram sacrificados a esse interesse para que a burguesia pudesse, "sob a proteção de um governo forte e irrestrito, dedicar-se aos seus negócios privados. Ela declarou inequivocamente que estava ansiosa por desobrigar-se do seu próprio domínio político para livrar-se, desse modo, das dificuldades e dos perigos nele implicados"[5]. O Poder Executivo se converte em poder autônomo.

Mas como poder autônomo ele precisa de legitimação. Ao promover a secularização da liberdade e da igualdade, a democracia bur-

---

4 Ibidem, p. 65s. [81].

5 Ibidem, p. 100 [124].

guesa põe em perigo o caráter abstrato, transcendente, "interior" da ideologia e, desse modo, a tranquilidade trazida pela diferenciação essencial entre ideologia e realidade – a liberdade e a igualdade interiores querem exteriorizar-se. Na sua ascensão, a burguesia mobilizou as massas e reiteradamente as traiu e abateu. A sociedade capitalista em desenvolvimento precisa contar de modo crescente com as massas, integrá-las na normalidade econômica e política, torná-las capazes de pagar e (até certo ponto) inclusive de governar. O Estado autoritário necessita de uma base democrática de massas; o líder deve ser *eleito* pelo povo, e ele o é. O direito ao sufrágio universal, que a burguesia nega *de facto* e depois também *de iure*, torna-se a arma do Poder Executivo autoritário contra os grupos renitentes da burguesia. Em *O 18 de brumário*, Marx oferece uma análise exemplar da ditadura plebiscitária. Naquela época, quem alçou Luís Bonaparte ao poder foram as massas dos pequenos camponeses. O seu papel histórico no presente foi projetado pela análise marxiana. A ditadura bonapartista não conseguiu eliminar a miséria do campesinato e este descobre o seu "aliado e líder natural no proletariado citadino, cuja missão é a subversão da ordem burguesa"[6]. E vice-versa: nos camponeses desesperados, "a revolução proletária recebe o coro sem o qual o seu canto solo se transforma em lamento fúnebre em todas as nações camponesas"[7].

O compromisso da dialética marxiana com a realidade impede o seu compromisso com o dogma: talvez em nenhuma outra parte a distância entre a teoria marxiana e a atual ideologia marxista seja tão grande quanto no reconhecimento da "abdicação" do proletariado em um dos "anos mais esplêndidos de prosperidade industrial e comercial". A anulação do direito ao sufrágio universal excluiu os trabalhadores "de toda e qualquer participação no poder político". "Ao se deixarem conduzir pelos democratas frente a um acontecimento como esse e ao esquece-

---

6 Ibidem, p. 121 [147].

7 Ibidem, p. 123. [Referente a essa citação, ver também nota * na página 149 desta edição. (N. E.)]

rem o seu interesse revolucionário por força de uma sensação momentânea de bem-estar, eles renunciaram à honra de ser um poder conquistador, submeteram-se à sua sina, comprovaram que a derrota de junho de 1848 os havia incapacitado para a luta por muitos anos e que o processo histórico, num primeiro momento, necessariamente voltaria a desenrolar-se por cima das suas cabeças"[8]. Já em 1850, diante do Comitê Central de Londres, Marx havia se voltado contra uma minoria que, "no lugar da visão crítica", colocava uma "visão dogmática" e, no lugar da avaliação materialista, colocava uma avaliação idealista da situação: "Enquanto nós dizemos aos trabalhadores: 'Vós deveis arrostar quinze, vinte, cinquenta anos de guerras civis e entre nações para transformar não só as condições imperantes, mas também a vós mesmos e capacitar-vos para a dominação política', vós dizeis, ao contrário: 'Devemos chegar imediatamente ao poder...'"[9].

A consciência da derrota e até do desespero fazem parte da teoria e da sua esperança. A fragmentação do pensamento – sinal da sua autenticidade frente à realidade fragmentada – determina o estilo de *O 18 de brumário*: contra a vontade de quem a escreveu, a obra se torna alta literatura. A linguagem torna-se conceito da realidade, o qual, mediante a ironia, resiste ao horror dos eventos. Diante da realidade, nenhuma fraseologia, nenhum clichê – nem mesmo os do socialismo. Na medida em que os homens traem, vendem a ideia da humanidade e chacinam ou trancafiam os que lutam por ela, a ideia como tal deixa de ser pronunciável; o escárnio e a sátira constituem a aparência real da sua verdade. A sua figura se encontra tanto na "sinagoga socialista" que o governo instaura no Palácio de Luxemburgo quanto na carnificina das jornadas de junho. A mistura de estupidez, ganância, baixaria e brutalidade que perfaz a política deixa a seriedade sem fala. O que acontece então é cômico: cada partido se apoia sobre os ombros do primeiro que está à sua

---

8 Ibidem, p. 69s. [85-6].

9 Karl Marx, *Enthüllungen über den Kommunistenprozeß zu Köln* (ed. por Franz Mehring, Berlim, 1914), p. 52.

frente até que este o deixa cair, então se apoia sobre o seguinte. Assim se procede da esquerda até a direita, do partido proletário até o Partido da Ordem. "O Partido da Ordem encolheu os ombros, deixou os republicano-burgueses caírem e se jogou nos ombros das Forças Armadas. Ele ainda acreditava estar sentado sobre os ombros destas quando, numa bela manhã, deu-se conta de que os ombros haviam se transformado em baionetas. Cada um desses partidos bateu por trás naquele que avançava e se curvou para trás para apoiar-se naquele que retrocedia. Não admira que, nessa pose ridícula, cada um desses partidos tenha perdido o equilíbrio e, depois de ter rasgado as suas inevitáveis caretas, estatelado-se no chão fazendo cabriolas esquisitas."[10]

Isso é cômico, mas a própria comédia já é a tragédia, na qual tudo é jogado fora e sacrificado. Tudo ainda é século XIX: passado liberal, pré-liberal. A figura do terceiro Napoleão, que Marx ainda acha ridícula, há muito já deu lugar a outros políticos ainda mais temíveis; as lutas de classe se transformaram e a classe dominante aprendeu a dominar. O sistema dos partidos democráticos foi abolido ou reduzido à unidade que se faz necessária para não pôr em risco a sociedade no que se refere às suas instituições estabelecidas. E o proletariado integrou-se na generalidade das massas trabalhadoras dos grandes países industrializados, que carregam e mantêm o aparato de produção e dominação. Este força a sociedade a unir-se numa totalidade administrada, que mobiliza as pessoas e o país em todas as dimensões contra o inimigo. Somente estando sujeita à administração total, que a qualquer momento pode transformar o poder da técnica no poder dos militares, a máxima produtividade em destruição definitiva, essa sociedade é capaz de se reproduzir em escala ampliada e estendida, pois o inimigo não está só fora dela, mas também dentro, como a sua própria possibilidade: como pacificação da luta pela existência, como eliminação do trabalho alienado. Marx não chegou a antever com que rapidez e quão próximo o capitalismo chegaria

---

10 Karl Marx, *Der achtzehnte Brumaire des Louis Bonaparte*, cit., p. 44s. [55-6].

dessa sua possibilidade e como as forças que o detonariam se converteram em instrumentos da sua dominação.

Nesse estágio, a contradição entre forças produtivas e relações de produção se tornou tão ampla e tão manifesta que não mais podia ser dominada racionalmente, não mais podia ser expressa. Não há véu tecnológico, não há véu ideológico que possa continuar a encobri-la. O único modo de manifestar-se que lhe resta é a contradição nua e crua, a irracionalidade convertida em racionalidade; só uma consciência falsa pode ainda suportá-la, uma consciência que se tornou indiferente à própria diferença entre verdadeiro e falso. Ela encontra a sua expressão autêntica na linguagem orwelliana (que Orwell com excessivo otimismo projetara para 1984*). Nela, a escravidão é denominada liberdade, a intervenção armada, autodeterminação, tortura e bombas incendiárias são "*conventional techniques*" [técnicas convencionais], o objeto é sujeito. Nela, fundem-se política e *publicity* [publicidade], negócio e filantropia, informação e propaganda, bom e ruim, a moral e a sua eliminação. Em que antilinguagem a razão ainda pode se expressar nesse caso? O que se encena aí não é mais uma sátira, e, diante da seriedade do terror, a ironia se transforma em cinismo. *O 18 de brumário* começa lembrando Hegel: a análise marxiana ainda estava comprometida com a "razão não histórica": dela e das suas manifestações no âmbito do ser-aí a crítica extraiu a sua força.

Mas a razão com a qual Marx estava comprometido naquela época tampouco estava "aí": ela se manifestou somente na sua negatividade e nas lutas daqueles que se sublevaram contra o existente, que protestaram e foram derrotados. A eles o pensamento marxiano permaneceu fiel – em face da derrota e *contra* a razão dominante. E da mesma forma, na derrota da Comuna de Paris de 1871, Marx manteve a esperança para os desesperançados. Nos dias atuais, em que a própria irracionalidade se converteu em razão, seu único modo de ser é a razão da dominação. Assim, ela continua sendo a razão da exploração e da repressão inclusive quando os dominados colabo-

* George Orwell, *1984* (São Paulo, Companhia das Letras, 2009). (N. E.)

ram com ela. E, em toda parte, ainda há aqueles que protestam, que se rebelam, que combatem. Até mesmo na sociedade da superabundância eles estão aí: os jovens, que ainda não desaprenderam a ver, a ouvir e a pensar, que ainda não abdicaram, e aqueles que ainda são as vítimas da superabundância e que dolorosamente estão apenas começando a aprender a ver, ouvir e pensar. É para eles que *O 18 de brumário* foi escrito, é para eles que ele ainda não envelheceu.

PREFÁCIO [À 2ª EDIÇÃO DE 1869]

Karl Marx

Meu amigo *Joseph Weydemeyer*[1], prematuramente falecido, tivera a intenção de publicar, a partir de 1º de janeiro de 1852, um semanário político em Nova York, para o qual ele me desafiou a produzir a história do *coup d'état* [golpe de Estado][2]. Em consequência, eu lhe escrevi semanalmente, até meados de fevereiro, artigos com o título *O 18 de brumário de Luís Bonaparte*. Nesse meio tempo, o plano original de Weydemeyer malograra. Em contrapartida, ele publicou, na primavera de 1852, uma revista mensal chamada *Die Revolution* [A Revolução], cujo primeiro fascículo consiste em meu *O 18 de brumário*. Naquele tempo, algumas centenas de exemplares encontraram o caminho até a Alemanha, sem que, no entanto, chegassem a ser vendidas no mercado livreiro propriamente dito. Um livreiro alemão com pose extremamente radical a quem ofereci a comercialização da revista respondeu genuinamente horrorizado com tal "descabimento intempestivo".

Do que foi dito, pode-se inferir que o presente escrito surgiu no calor dos acontecimentos e que o seu material histórico não vai além do mês de fevereiro (de 1852). A sua atual republicação se deve em parte à demanda do comércio livreiro e em parte à insistência de amigos meus na Alemanha.

---

1 Comandante militar do distrito de St. Louis durante a Guerra de Secessão norte-americana.

2 Mediante um golpe de Estado contrarrevolucionário desferido no dia 2 de dezembro de 1851, Luís Bonaparte prolongou o seu mandato presidencial por mais dez anos, ampliando os seus poderes. No dia 2 de dezembro de 1852, proclamou-se imperador do Segundo Império francês.

Dentre os escritos que trataram mais ou menos *simultaneamente* do mesmo assunto que o meu livro, somente dois são dignos de nota: *Napoléon le petit**, de *Victor Hugo*, e *Coup d'état*, de *Proudhon.*

Victor Hugo se limita a invectivas amargas e espirituosas contra o responsável pela deflagração do golpe de Estado. O acontecimento propriamente dito parece ser, para ele, como um raio vindo do céu sem nuvens. Ele vê no golpe apenas um ato de poder de um indivíduo isolado. Não se dá conta de que engrandece esse indivíduo, em vez de diminuí-lo, atribuindo-lhe uma capacidade de iniciativa pessoal que seria ímpar na história mundial. Proudhon, por sua vez, procura apresentar o golpe de Estado como resultado de uma evolução histórica precedente. Sorrateiramente, no entanto, a sua construção histórica do golpe de Estado se transforma numa apologia do herói do golpe de Estado. Desse modo, ele incorre no erro dos nossos assim chamados historiadores *objetivos*. Em contrapartida, eu demonstro como a *luta de classes* na França criou circunstâncias e condições que permitiram a um personagem medíocre e grotesco desempenhar o papel do herói.

Reescrever o presente escrito tê-lo-ia privado do colorido que lhe é próprio. Por isso, limitei-me a corrigir os erros de impressão e a suprimir alusões que já não são mais compreensíveis.

E já se cumpriu a frase final do meu escrito: "Porém, quando o manto imperial finalmente cair sobre os ombros de Luís Bonaparte, a estátua de bronze de Napoleão despencará do alto da coluna de Vendôme".**

O coronel Charras inaugurou o ataque ao culto a Napoleão na sua obra sobre a campanha militar de 1815. Desde então e principalmente nos últimos anos, a literatura francesa se encarregou de desmantelar a lenda napoleônica com as armas da investigação histórica, da crítica, da sátira e da piada. Fora da França, essa violenta ruptura com

---

* Ed. bras.: *Napoleão, o Pequeno* (São Paulo, Editora das Américas, 1958, Obras completas, v. XVIII). (N. T.)

** Cf. nota 70. (N. T.)

a crença popular tradicional, essa gigantesca revolução intelectual, recebeu pouca atenção e praticamente não foi compreendida.

Por fim, espero que o meu escrito contribua para eliminar esse chavão do suposto *cesarismo*, que se tornou corrente em especial na Alemanha. Quando se faz essa analogia histórica superficial, esquece-se o principal, ou seja, que, na Roma antiga, a luta de classes se travava apenas no âmbito de uma minoria privilegiada, entre os ricos livres e os pobres livres, enquanto a grande massa produtiva da população, os escravos, compunha o pedestal meramente passivo para aqueles contendores. Esquece-se o dito importante de *Sismondi*: o proletariado romano vivia à custa da sociedade, ao passo que a sociedade moderna vive à custa do proletariado. Em vista dessa total diferença entre as condições materiais e econômicas da luta de classes antiga e da luta de classes moderna, as aberrações políticas delas resultantes não podem ter mais elementos em comum do que têm o arcebispo de Canterbury e o sumo sacerdote Samuel.

Londres, 23 de junho de 1869

PREFÁCIO À 3ª EDIÇÃO [DE 1885]

Friedrich Engels

O fato de uma nova edição de *O 18 de brumário* ter se tornado necessária 33 anos após a sua primeira publicação mostra que até hoje o livrinho nada perdeu da sua relevância.

E ele é, de fato, um trabalho genial. Imediatamente após o evento que surpreendeu o mundo político inteiro como um raio que cai do céu sem nuvens, que foi condenado por alguns com um brado de indignação moral, que foi acolhido por outros como o salvamento das mãos da revolução e como punição pelos desatinos desta, mas que por todos foi apenas observado com assombro sem ser compreendido por ninguém – imediatamente após esse evento, Marx veio a público com uma descrição breve, epigramática, em que expôs todo o nexo interno do curso da história francesa desde as jornadas de fevereiro[1], em que explicou todo o milagre do dia 2 de dezembro como resultado natural e necessário desse nexo interno, sem que, para isso, precisasse mostrar pelo herói do golpe de Estado mais do que o merecido desprezo. A magistralidade com que traçou esse quadro foi tal que cada nova revelação ocorrida nesse meio tempo só veio comprovar o grau de fidelidade com que ele reflete a realidade. Essa compreensão eminente da história viva em curso, essa clarividência em relação aos fatos no momento em que ocorrem, é de fato ímpar.

No entanto, isso só foi possível graças ao conhecimento preciso que Marx tinha da história francesa. Mais do que qualquer outro, a

[1] Na Revolução de Fevereiro (22 a 25 de fevereiro de 1848), os trabalhadores, artífices e estudantes franceses derrubaram a monarquia burguesa constitucional de Luís Filipe e forçaram a proclamação da Segunda República francesa.

França é o país em que cada uma das lutas de classe históricas foi travada até a decisão final e em que, em consequência disso, também as formas políticas alternantes, no âmbito das quais essas lutas se deram e os seus resultados se sintetizaram, assumiram contornos bem mais nítidos. Sendo o centro do feudalismo na Idade Média, país-modelo da monarquia estamental unificada desde a Renascença, a França destroçou o feudalismo na grande Revolução e fundou o domínio puro da burguesia de uma maneira tão clássica como não se viu em nenhum outro país europeu. Mas também a luta do proletariado ascendente contra a burguesia dominante se expressa aqui de uma forma aguda, desconhecida em outras paragens. Essa foi a razão pela qual Marx estudou com predileção, em todos os seus detalhes, não só a história francesa passada, mas também a que estava em curso, reuniu material para uso futuro e, por isso, em nenhum momento foi surpreendido pelos acontecimentos.

Mas a isso soma-se ainda uma outra circunstância. Marx foi o primeiro a descobrir a grande lei do movimento da história, a lei segundo a qual todas as lutas históricas travadas no âmbito político, religioso, filosófico ou em qualquer outro campo ideológico são de fato apenas a expressão mais ou menos nítida de lutas entre classes sociais, a lei segundo a qual a existência e, portanto, também as colisões entre essas classes são condicionadas, por sua vez, pelo grau de desenvolvimento da sua condição econômica, pelo modo da sua produção e pelo modo do seu intercâmbio condicionado pelo modo de produção. Essa lei, que para a história tem a mesma importância do que a lei da transformação da energia para a ciência natural – essa lei lhe proporcionou, também nesse caso, a chave para a compreensão da história da Segunda República francesa. E essa história lhe serviu para submeter a sua lei à prova, tanto é que, trinta e três anos depois, ainda temos de reconhecer que ela passou no teste com brilhantismo.

O 18 DE BRUMÁRIO
DE LUÍS BONAPARTE

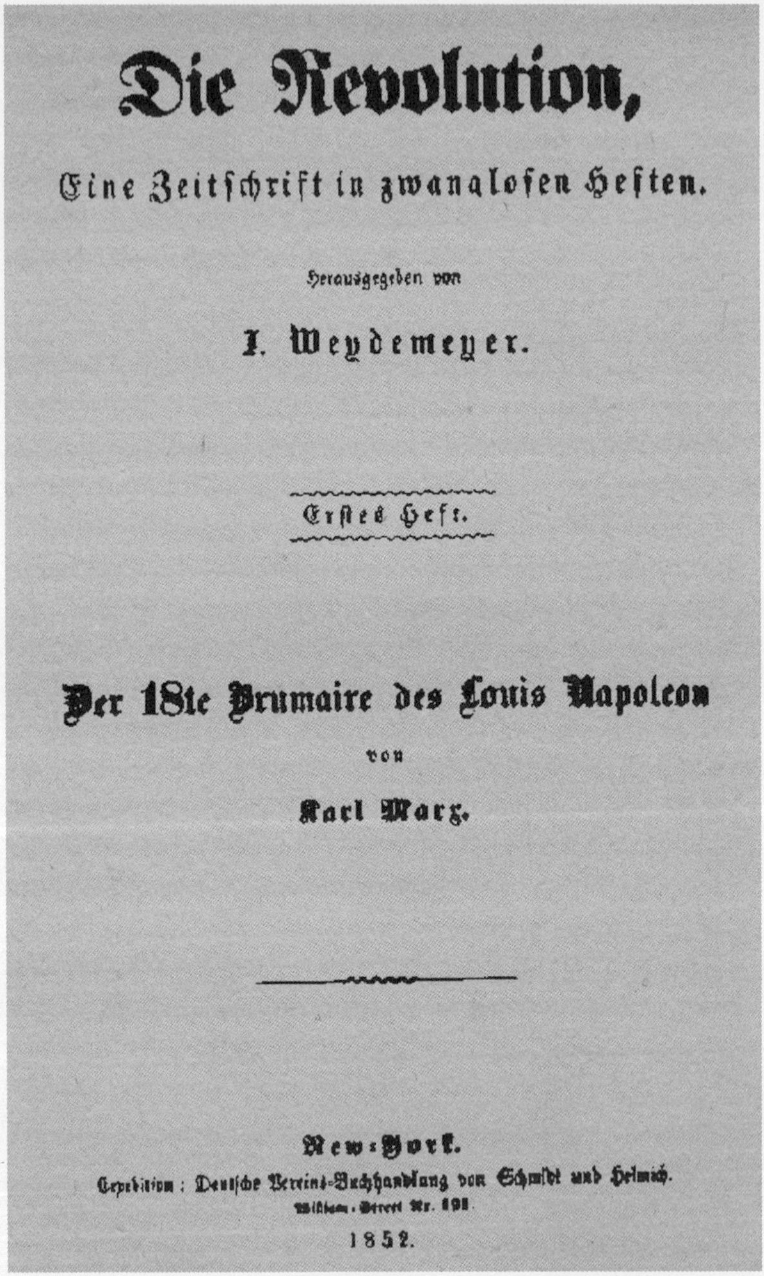

Die Revolution,

Eine Zeitschrift in zwanglosen Heften.

Herausgegeben von

J. Weydemeyer.

Erstes Heft.

Der 18te Brumaire des Louis Napoleon

von

Karl Marx.

New-York.

Expedition: Deutsche Vereins-Buchhandlung von Schmidt und Helmich.

William-Street Nr. 191.

1852.

Fac-símile da capa da primeira impressão de *O 18 de brumário de Luís Bonaparte*, no fascículo n. 1 da revista *Die Revolution*, publicada por Joseph Weydemeyer, em maio de 1852.

I

Em alguma passagem de suas obras, Hegel comenta que todos os grandes fatos e todos os grandes personagens da história mundial são encenados, por assim dizer, duas vezes[1]. Ele se esqueceu de acrescentar: a primeira vez como tragédia, a segunda como farsa. Caussidière como Danton, Louis Blanc como Robespierre, a Montanha de 1848-51 como a Montanha de 1793-95[2], o sobrinho como o tio. E essa mesma caricatura se repete nas circunstâncias que envolvem a reedição do 18 de brumário[3]!

Os homens fazem a sua própria história; contudo, não a fazem de livre e espontânea vontade, pois não são eles quem escolhem as circunstâncias sob as quais ela é feita, mas estas lhes foram transmitidas assim como se encontram. A tradição de todas as gerações passadas é como um pesadelo que comprime o cérebro dos vivos. E justamente quando parecem estar empenhados em transformar a si mesmos e as coisas, em criar algo nunca antes visto, exatamente nessas épocas de crise revolucionária, eles conjuram temerosamente a ajuda dos espíritos do passado, tomam emprestados os seus nomes,

---

1 G. W. F. Hegel, *Vorlesungen über die Philosophie der Geschichte*. Dritter Teil [Preleções sobre a filosofia da história. Terceira parte] (Berlim, 1837. Werke, v. 9).

2 Em analogia aos Montagnards, que formaram a ala esquerda (jacobinos) na Convenção Nacional da Revolução Francesa, foi denominada *Montagne* (Montanha) a fração dos pequeno-burgueses democratas presente na Assembleia Nacional de 1848.

3 No dia 18 de brumário (9 de novembro de 1799), Napoleão Bonaparte derrubou, mediante um golpe de Estado, o Diretório francês, tornando-se ditador com o título de primeiro-cônsul. Com a "reedição do 18 de brumário", Marx se refere ao golpe de Estado desferido por Luís Bonaparte no dia 2 de dezembro de 1851.

as suas palavras de ordem, o seu figurino, a fim de representar, com essa venerável roupagem tradicional e essa linguagem tomada de empréstimo, as novas cenas da história mundial. Assim, Lutero se disfarçou de apóstolo Paulo, a revolução de 1789-1814 se travestiu ora de República Romana ora de cesarismo romano e a revolução de 1848 não descobriu nada melhor para fazer do que parodiar, de um lado, o ano de 1789 e, de outro, a tradição revolucionária de 1793-95. Do mesmo modo, uma pessoa que acabou de aprender uma língua nova costuma retraduzi-la o tempo todo para a sua língua materna; ela, porém, só conseguirá apropriar-se do espírito da nova língua e só será capaz de expressar-se livremente com a ajuda dela quando passar a se mover em seu âmbito sem reminiscências do passado e quando, em seu uso, esquecer a sua língua nativa.

A análise das referidas conjurações de mortos da história mundial revela de imediato uma diferença que salta aos olhos. Foi com o figurino romano e a fraseologia romana que os heróis Camille Desmoulins, Danton, Robespierre, Saint-Just, Napoleão, mas também os partidos e as massas da velha Revolução Francesa, enfrentaram a missão da sua época, a saber, a de desencadear e erigir a moderna sociedade *burguesa*. Os primeiros trilharam o terreno feudal e ceifaram as cabeças feudais que nele haviam crescido. O último criou, dentro da França, as condições que possibilitaram o desenvolvimento da livre concorrência, a exploração da propriedade fundiária parcelada, a liberação da força produtiva industrial da nação, e, fora das fronteiras francesas, varreu do mapa todas as instituições feudais na medida em que isso se fez necessário para propiciar à sociedade burguesa da França um ambiente atualizado e condizente no continente europeu. Mas uma vez erigida a nova forma social, desapareceram os colossos antediluvianos e o romanismo que com eles havia ressurgido – os Brutus, Gracos, Publícolas, os tribunos, os senadores e o próprio César. Em sua sóbria realidade, a sociedade burguesa havia gerado os seus verdadeiros intérpretes e porta-vozes: os Says, Cousins, Royer-Collards, Benjamin Constants e Guizots; os seus verdadeiros generais assentavam-se às escrivaninhas e o gorducho boa-vida* do Luís XVIII era o seu líder político. Totalmente absorta na produção da sua riqueza na pacífica batalha da concorrência, ela não se apercebeu de que os fantasmas da época romana haviam embalado o seu berço. Não obstante o caráter nada heroico da sociedade burguesa, muito heroísmo havia sido necessário, além da abnegação, do terror, da guerra civil e de batalhas entre povos, para trazê-la ao mundo. E foi nas tradições de rigor clássico da República Romana que os seus gladiadores encontraram os ideais e as formas artísticas, as autoilusões de que ela precisava para ocultar de si mesma a limitação burguesa do conteúdo das suas lutas e manter o seu entusiasmo no mesmo nível elevado das grandes tragédias históricas. Do mesmo modo, um século antes e em outro estágio de desenvolvimento, Cromwell e o povo inglês haviam tomado de empréstimo a linguagem, o fervor e as ilusões do Antigo Testamento em favor da sua revolução burguesa. Atingido o objetivo real, consumada a reestruturação burguesa da sociedade inglesa, Locke tomou o lugar de Habacuque.

As ressurreições de mortos protagonizadas por aquelas revoluções serviram, portanto, para glorificar as novas lutas e não para parodiar as antigas, para exaltar na fantasia as missões recebidas e não para esquivar-se de cumpri-las na realidade, para redescobrir o espírito da revolução e não para fazer o seu fantasma rondar outra vez.

Mas o que rondou de 1848 a 1851 foi tão somente o fantasma da antiga revolução, começando com Marrast, o *Républicain en gants jaunes* [o republicano de luvas amarelas], que pôs o disfarce do velho Bailly, indo até o aventureiro que ocultou os seus traços triviais e repulsivos sob a férrea máscara mortuária de Napoleão. Todo um povo, que por meio da revolução acreditava ter obtido a força motriz necessária para avançar com maior celeridade, de repente se vê arremessado de volta a uma época extinta e, para que não paire nenhuma

* *Speckkopf* designa o sujeito rico, acomodado e obeso, que só pensa em comer, beber e fornicar; o elemento "-kopf" é metonímico (*pars pro toto*), comum no idioma alemão (*Dummkopf* etc.). (N. T.)

dúvida quanto ao retrocesso sofrido, ressurgem os velhos elementos, a velha contagem do tempo, os velhos nomes, os velhos editais que já haviam sido transferidos ao campo da erudição antiquária e os velhos verdugos que pareciam ter-se decomposto há muito tempo. A nação se vê no papel daquele inglês louco em Bedlam[4] que julga estar vivendo na época dos antigos faraós e diariamente lastima o árduo trabalho que é obrigado a fazer como garimpeiro nas minas de ouro da Etiópia, confinado entre as paredes daquela prisão subterrânea, uma lanterna de luz mortiça presa à cabeça, o feitor de escravos com um longo chicote à sua retaguarda e, guardando as saídas, uma balbúrdia de mercenários bárbaros que não entendem nem os trabalhadores forçados nem uns aos outros por não falarem a mesma língua. E o inglês louco se lamenta: "E tudo isso é imposto a mim, um britânico de livre nascimento, visando produzir ouro para os antigos faraós". "Para pagar as dívidas da família Bonaparte" – lamenta-se a nação francesa. Quando estava no seu juízo perfeito, o inglês não conseguia abandonar a ideia fixa de produzir ouro. Enquanto faziam a revolução, os franceses não conseguiam deixar de pensar em Napoleão, como ficou comprovado na eleição de 10 de dezembro[5]. Em meio às vicissitudes da revolução, sentiram saudades das panelas de carne do Egito e o dia 2 de dezembro de 1851 foi a resposta a isso. Agora eles não só têm a caricatura do velho Napoleão, mas também o próprio Napoleão caricaturado em atitude condizente com os meados do século XIX.

Não é do passado, mas unicamente do futuro, que a revolução social do século XIX pode colher a sua poesia. Ela não pode começar a dedicar-se a si mesma antes de ter despido toda a superstição que a prende ao passado. As revoluções anteriores tiveram de recorrer a memórias históricas para se insensibilizar em relação ao seu próprio conteúdo. A revolução do século XIX precisa deixar

---

4 Alusão a um mal-afamado manicômio londrino.

5 No dia 10 de dezembro de 1848, Luís Bonaparte foi eleito presidente da República francesa mediante eleição geral.

que os mortos enterrem os seus mortos* para chegar ao seu próprio conteúdo. Naquelas, a fraseologia superou o conteúdo, nesta, o conteúdo supera a fraseologia.

A Revolução de Fevereiro foi um atropelamento que pegou de *surpresa* a antiga sociedade, e o povo proclamou esse *ataque-surpresa* como um feito que teria inaugurado uma nova era na história mundial. No dia 2 de dezembro, a Revolução de Fevereiro foi escamoteada pelo volte de um trapaceiro, o que deixou a impressão de que se derrubara não mais a monarquia, mas as concessões liberais que lhe haviam sido arrancadas por séculos de luta. A própria *sociedade* deveria ter conquistado para si mesma um novo conteúdo; em vez disso, foi meramente o *Estado* que retornou à sua forma mais antiga, ao domínio despudoradamente simples da espada e da batina. Assim, a resposta ao *coup de main* [ataque-surpresa] de fevereiro de 1848 foi o *coup de tête* [cabeçada, ação impensada] de dezembro de 1851. Assim como se ganha, também se perde. Entretanto, o intervalo entre os dois eventos não deixou de ser bem aproveitado. A sociedade francesa recuperou durante os anos de 1848-51 – e segundo um método abreviativo, por ser revolucionário – as lições e as experiências que, numa evolução regular, por assim dizer, em ritmo escolar, deveriam ter precedido a Revolução de Fevereiro, caso esta pretendesse provocar mais do que um mero abalo da superfície. Nesse momento, a sociedade pareceu ter recuado a um momento anterior ao seu ponto de partida; na verdade, ela ainda precisa criar para si mesma o ponto de partida revolucionário, a situação, as relações, as condições singulares que façam com que a revolução moderna possa ser levada a sério.

As revoluções burguesas como as do século XVIII precipitam-se rapidamente de sucesso em sucesso, um efeito dramático é suplantado pelo próximo, pessoas e coisas parecem refulgir como brilhantes, respira-se diariamente o êxtase; porém, elas têm vida curta, logo atingem o seu ponto alto e uma longa ressaca toma conta da sociedade antes que, novamente sóbria, aprenda a apropriar-se dos resultados do

* Cf. Novo Testamento, Lucas 9:60; Mateus 8:22. (N. T.)

seu período impetuoso e combativo. Em contrapartida, as revoluções proletárias como as do século XIX encontram-se em constante autocrítica, interrompem continuamente a sua própria marcha, retornam ao que aparentemente conseguiram realizar para começar tudo de novo, zombam de modo cruel e minucioso de todas as meias medidas, das debilidades e dos aspectos deploráveis das suas primeiras tentativas, parecem jogar o seu adversário por terra somente para que ele sugue dela novas forças e se reerga diante delas em proporções ainda mais gigantescas, recuam repetidamente ante a enormidade ainda difusa dos seus próprios objetivos até que se produza a situação que inviabiliza qualquer retorno e em que as próprias condições gritam:

Hic Rhodus, hic salta! [Aqui é Rodes, salta aqui mesmo!]
Hier ist die Rose, hier tanze! [Aqui está a rosa, dança agora!]*

Aliás, qualquer observador razoavelmente informado, mesmo que não tenha acompanhado passo a passo a evolução dos fatos na França, deve ter pressentido que a revolução se encaminhava para um fiasco inaudito. Bastava escutar os latidos presunçosos de vitória com que os senhores democratas se felicitavam alternadamente em vista dos efeitos mirabolantes esperados do segundo [domingo do mês] de maio de 1852[6]. Este segundo [domingo do mês] de maio de 1852 havia se transformado em ideia fixa, em dogma dentro das cabeças, como foi nas cabeças dos quiliastas o dia em que Cristo reapareceria e inauguraria o reino milenar[7]. A fraqueza, como sempre, buscou refúgio na crença

---

* A explicação detalhada de como se chegou do original grego "Aqui está a vara [*rhódos* f.], salta [*pédema*] agora!" a "Aqui é Rodes [*Rhódos*], salta aqui mesmo!" (tradução latina antiga) e a "Aqui está a rosa [*rhódov* n.], dança agora!" (tradução de Hegel) pode ser conferida em http://www.marxists.org/glossary/terms/h/i.htm#hicrhodus (em inglês). (N. T.)

6 No mês de maio de 1852, findava o mandato de Luís Bonaparte. Segundo a Constituição da República francesa de 4 de novembro de 1848, as eleições para presidente deveriam ocorrer a cada quatro anos, no segundo domingo de maio, e o presidente em exercício não poderia ser reeleito.

7 Referência à doutrina religiosa mística do quiliasmo, que proclamava um reino milenar de justiça, igualdade e bem-estar. Essa doutrina surgiu na época da desagregação da sociedade escravocrata e se propagou na fase inicial do cristianismo e em parte também na Idade Média.

em milagres, acreditou ter vencido o inimigo por aplicar-lhe, em sua fantasia, um feitiço que o fizesse desaparecer e deixou completamente de compreender o presente em virtude dessa exaltação passiva do futuro iminente e dos feitos que trazia *in petto*, mas que alegava ainda não querer protagonizar. Aqueles heróis que procuram refutar a sua notória incapacidade mediante asseverações mútuas de simpatia e mediante a formação de um grupo unido já haviam arrumado as suas trouxas, tomado os louros da vitória como adiantamento e estavam justamente empenhados em descontar no mercado de letras de câmbio *in partibus** as repúblicas, para as quais, com a discrição própria dos seus temperamentos despretensiosos, já haviam organizado preventivamente o pessoal de governo. O dia 2 de dezembro os atingiu como um raio do céu sem nuvens, e os povos que, em épocas de contrariedade desalentadora, gostam que o seu medo íntimo seja aturdido pelos que gritam mais alto talvez tenham se convencido de que passou o tempo em que o grasnar dos gansos podia salvar o Capitólio.**

A Constituição, a Assembleia Nacional, os partidos dinásticos, os republicanos azuis e os republicanos vermelhos, os heróis da África, o discurso tonitruante proferido do palanque, o relampejar da imprensa do dia, o conjunto da literatura, as figuras políticas e os renomados intelectuais, o Código Civil e o direito penal, *liberté, égalité, fraternité* [liberdade, igualdade, fraternidade] e o segundo [domingo do mês] de maio de 1852 – tudo desapareceu como se fosse uma quimera diante da fórmula mágica pronunciada por um homem que não era considerado mestre-feiticeiro nem pelos seus inimigos. O sufrágio universal parece ter sobrevivido só o tempo suficiente para redigir de próprio punho o seu testamento diante dos olhos do mundo inteiro e declarar pessoalmente, em nome do povo: "Tudo o que existe merece perecer".***

* *In partibus infidelium* = nas terras dos infiéis. (N. T.)

** Diz a lenda que Roma foi salva em 390 a. C. da invasão dos gauleses porque o grasnar dos gansos do templo de Juno acordou os guardas adormecidos do Capitólio. (N. T.)

*** Palavras de Mefistófeles em J. W. Goethe, *Fausto*, parte I, "No gabinete de estudos" (tradução livre). (N. T.)

Não basta dizer, como fazem os franceses, que a sua nação teria sido surpreendida. Nem a uma nação nem a uma mulher se perdoa o momento de distração em que o primeiro aventureiro que aparece consegue violentá-las. Expressões desse tipo não solucionam o enigma, mas apenas lhe conferem outra formulação. Falta explicar como uma nação de 36 milhões de pessoas pôde ser surpreendida por três cavaleiros industriais e por eles ser levada ao cativeiro sem oferecer resistência.

Recapitulemos em traços gerais as fases percorridas pela revolução francesa de 24 de fevereiro de 1848 a dezembro de 1851.

É possível distinguir claramente três períodos principais: o *período de fevereiro*; 4 de maio de 1848 a 28 de maio de 1849: *período da constituição da República* ou da *Assembleia Nacional Constituinte*; 28 de maio de 1849 a 2 de dezembro de 1851: *período da república constitucional* ou *da Assembleia Nacional Legislativa.*

O *primeiro período*, de 24 de fevereiro ou da deposição de Luís Filipe até 4 de maio, dia da reunião da Assembleia Constituinte, que é propriamente o *período de fevereiro*, pode ser designado como *prólogo* da revolução. O seu caráter ganhou expressão oficial no fato de que o governo improvisado pela Constituinte declarou a si mesmo como *provisório*, e, na mesma linha do governo, tudo o que foi motivado, tentado e dito nesse período foi apresentado como *provisório*. Ninguém nem nada ousava reivindicar para si o direito de existir e de agir efetivamente. Todos os elementos que haviam sido preparados e definidos pela revolução, a saber, a oposição dinástica, a burguesia republicana, a pequena burguesia democrático-republicana, o operariado social-democrata, ocuparam provisoriamente o seu lugar no *governo* de fevereiro.

Nem poderia ser de outra maneira. O objetivo original das jornadas de fevereiro foi uma reforma eleitoral que ampliasse o círculo dos privilegiados políticos dentro da própria classe possuidora e derrubasse o domínio exclusivo da aristocracia financeira. Quando, porém, o conflito irrompeu de fato – quando o povo foi às barricadas, a Guarda Nacional ficou passiva, o exército não ofereceu nenhuma resistência séria e a realeza fugiu –, a República pareceu algo óbvio. Cada partido a interpretou ao seu modo. Por tê-la conquistado de armas na mão, o proletariado lhe imprimiu o seu selo e a proclamou como *República Social*. Desse modo, indicou-se o conteúdo geral da revolução moderna, que se encontrava na mais curiosa contradição com tudo o que, nas circunstâncias dadas, podia ser posto diretamente em prática num primeiro momento com base no material disponível e no nível de formação atingido pela massa. Por outro lado, a reivindicação de todos os demais elementos que haviam cooperado com a Revolução de Fevereiro foi contemplada com a parte do leão* que receberam no governo. Por conseguinte, em período nenhum encontramos uma miscelânea mais variada das grandiloquentes fraseologias e da real insegurança e falta de prática, dos mais entusiásticos anseios por renovação e do domínio mais cabal da antiga rotina, da mais aparente harmonia de toda a sociedade e do mais profundo estranhamento entre os seus elementos. Enquanto o proletariado parisiense ainda se comprazia na contemplação da ampla perspectiva que se lhe descortinara e se entregava a discussões bem-intencionadas sobre os problemas sociais, os velhos poderes da sociedade se reagruparam, reuniram-se, ponderaram e receberam o apoio inesperado da massa da nação, dos camponeses e pequeno-burgueses, os quais se lançaram todos de uma só vez à arena política após a queda das barreiras da Monarquia de Julho.

---

* Expressão muito usada neste texto por Marx – comum também em português – que alude à figura do leão nas fábulas de Esopo e, p. ex., La Fontaine, em que o leão quase sempre representa a força bruta e o poder. Com a expressão em questão, Marx alude a uma fábula específica em que o leão, a raposa, o chacal e o lobo fazem um acordo para caçar juntos e dividir entre si o que conseguirem abater. Na primeira experiência que fizeram, mataram um veado e o leão mandou dividir a presa em quatro partes iguais, depois se colocou diante desses pedaços e informou aos seus três parceiros que ficaria com o primeiro pedaço por ser o rei dos animais, com o segundo por ser o responsável pela partilha, com o terceiro por ser a parte que lhe cabe de direito na sociedade e também com o quarto por não acreditar que alguém estivesse disposto a disputá-lo com ele. Daí se origina a expressão "a parte do leão", que comumente é entendida como "a maior e a melhor parte do bolo". Cf. nota 64. (N. T.)

O *segundo período*, de 4 de maio de 1848 até o final de maio de 1849, é o período da *Constituição, da fundação da república burguesa*. Imediatamente após as jornadas de fevereiro, não só a oposição dinástica foi surpreendida pelos republicanos e os republicanos pelos socialistas, mas toda a França por Paris. A Assembleia Nacional, que se reuniu no dia 4 de maio de 1848 em decorrência das eleições nacionais, representou a nação. Ela tomou a forma de um protesto vívido contra as propostas pretensiosas das jornadas de fevereiro e deveria reduzir os resultados da revolução ao parâmetro burguês. O proletariado parisiense, que imediatamente se deu conta do caráter dessa Assembleia Nacional, tentou em vão negar a sua existência à força, dissolvê-la, desagregar novamente nos seus componentes individuais a estrutura orgânica com a qual o espírito reacionário nacional o ameaçava.[8] Como se sabe, o único resultado do 15 de maio foi o de afastar Blanqui e os seus camaradas, isto é, os verdadeiros líderes do partido proletário, da arena pública durante todo o ciclo aqui em pauta.

À *monarquia burguesa* de Luís Filipe só poderia seguir a *república burguesa*, isto é, ao passo que, em nome do rei, o governo foi exercido por uma parcela restrita da burguesia, em nome do povo, a totalidade da burguesia passaria a governar. As exigências do proletariado parisiense eram baboseiras utópicas que deveriam ser detidas. A resposta do proletariado parisiense a essa declaração da Assembleia Nacional Constituinte foi a *Insurreição de Junho*[9], o mais colossal acontecimento na história das guerras civis europeias. A república burguesa triunfou. Ela teve o apoio da aristocracia financeira, da burguesia industrial, da

---

[8] No dia 15 de maio de 1848, os trabalhadores parisienses tentaram dispersar à força a Assembleia Nacional Constituinte e formar um novo Governo Provisório. Essa ação revolucionária foi derrotada, os seus líderes Louis-Auguste Blanqui, Armand Barbès, Albert (Alexandre Martin) e François Raspail foram presos e promulgaram-se leis que proibiram reuniões populares e determinaram o fechamento de clubes democratas.

[9] A Insurreição de Junho, a revolta do proletariado parisiense de 23 a 26 de junho de 1848, foi o primeiro grande embate entre a burguesia e o proletariado. Isolado dos seus aliados pequeno-burgueses e camponeses e sem uma liderança global, o proletariado parisiense sofreu uma derrota sangrenta. A insurreição constituiu uma reviravolta na revolução em toda a Europa. A contrarrevolução assumiu contornos definitivos e partiu para o ataque.

classe média, dos pequeno-burgueses, do exército, do lumpemproletariado organizado como guarda móvel, das capacidades intelectuais, dos padrecos e da população do campo. Do lado do proletariado parisiense não havia ninguém além dele mesmo. Mais de 3 mil insurgentes foram trucidados após a vitória, 15 mil foram deportados sem julgamento. Essa derrota relegou o proletariado ao *segundo plano* da cena revolucionária. Ele tenta projetar-se à frente toda vez que o movimento parece tomar um novo impulso, mas isso ocorre com energia e resultado cada vez menores. Sempre que a efervescência revolucionária tomou conta de uma das camadas sociais acima dele, o proletariado se aliou a ela e, em consequência, compartilhou todas as derrotas sucessivas sofridas pelos diferentes partidos. Porém, esses golpes subsequentes tornaram-se cada vez mais atenuados à medida que se distribuíram sobre toda a superfície da sociedade. Um após o outro, os seus líderes mais expressivos na Assembleia e na imprensa foram vitimados pelos tribunais e figuras cada vez mais ambíguas passaram a encabeçá-lo. Ele se lançou, em parte, a *experimentos doutrinários, bancos de câmbio e associações de trabalhadores, ou seja, a um movimento em que abriu mão de revolucionar o velho mundo com o seu grande cabedal de recursos próprios; ele tentou, antes, consumar a sua redenção pelas costas da sociedade, de modo privado, no âmbito das suas condições restritas de existência, e, por isso, necessariamente fracassou.* Ele parece não conseguir reencontrar em si mesmo a grandeza revolucionária nem renovar as suas energias com as novas alianças feitas enquanto *todas as classes* contra as quais lutou naquele junho não estiverem aplastadas no chão ao lado dele próprio. Ele, pelo menos, sucumbe com as honras de uma grande luta que teve relevância para a história mundial; não só a França, mas toda a Europa treme frente ao terremoto de junho, ao passo que as derrotas subsequentes das classes mais altas saíram tão barato que necessitam da exageração descarada de parte do partido vencedor para poderem inclusive passar por acontecimentos; essas derrotas são tanto mais vergonhosas quanto maior a distância entre o partido proletário e o partido derrotado.

A derrota dos insurgentes de junho, entretanto, havia preparado, aplainado o terreno sobre o qual podia ser fundada e erigida a república burguesa; ao mesmo tempo, porém, ela havia evidenciado que, na Europa, as questões em pauta iam além da alternativa "República ou Monarquia". Ela havia revelado que, nesse caso, a *república burguesa* representava o despotismo irrestrito de uma classe sobre outras classes. Ela provou que, em países de civilização antiga com estrutura de classes evoluída, com modernas condições de produção e com um consciente intelectual em que todas as ideias tradicionais foram dissolvidas por séculos de elaboração, *a República só pode representar a forma de revolução política da sociedade burguesa* e não a sua *forma de vida conservadora*; é o caso, por exemplo, dos Estados Unidos da América do Norte, onde, embora já existam classes, estas ainda não se fixaram, mas intercambiam os seus componentes e os cedem umas às outras em um fluxo permanente, onde os modernos meios de produção compensam a relativa carência de cérebros e braços em vez de coincidir com uma superpopulação estagnante, e onde, por fim, o jovem e febril movimento da produção material, dedicado a apropriar-se de um mundo novo, ainda não teve tempo nem oportunidade de eliminar o mundo dos velhos espíritos.

Durante o mês de junho, todas as classes e todos os partidos se uniram no *Partido da Ordem* contra a classe proletária, considerada o *partido da anarquia*, do socialismo, do comunismo. Eles "salvaram" a sociedade dos *"inimigos da sociedade"*. O lema repassado por eles às suas tropas consistia nas palavras-chave da antiga sociedade: *"Propriedade, família, religião, ordem"*, instigando a cruzada contrarrevolucionária com a frase: "Sob este signo vencerás!"[10]. A partir desse momento, sempre que qualquer um dos numerosos partidos que haviam se conglomerado sob esse signo contra os insurgentes de junho tenta impor na arena revolucionária o interesse da sua própria classe, ele sucumbe diante do mote: "Propriedade, família, religião, ordem". A sociedade é salva sempre que o círculo dos seus dominadores se estreita, sempre que um interesse mais exclusivo é

[10] Alusão à lenda segundo a qual o imperador romano Constantino I, pouco antes da batalha contra Maxêncio, no ano de 312, teve a visão de uma cruz desenhada contra o céu com a inscrição: "Sob este signo vencerás".

imposto a um mais amplo. Toda e qualquer reivindicação da mais elementar reforma financeira burguesa, do mais trivial liberalismo, do mais formal republicanismo, da mais banal democracia é simultaneamente punida como "atentado contra a sociedade" e estigmatizada como "socialismo". E, por fim, os próprios sumos sacerdotes da "religião e ordem" são escorraçados a pontapés dos seus trípodes pítios*, tirados das suas camas na calada da noite, enfiados em carruagens prisionais, jogados em cárceres ou mandados ao exílio, o seu templo é arrasado, a sua boca é selada, a sua pena quebrada, a sua lei rasgada, tudo em nome da religião, da propriedade, da família, da ordem. Burgueses fanáticos pela ordem são fuzilados nos balcões das suas casas por pelotões de soldados bêbados, as suas casas são bombardeadas por passatempo – em nome da propriedade, da família, da religião e da ordem. A escória da sociedade burguesa acaba por formar a *falange sagrada da ordem*, e o herói Crapulinski[11] entra triunfalmente nas Tulherias como *"salvador da sociedade"*.

---

* Referência aos apoios ou assentos de três pés usados pelos sacerdotes do templo de Apolo, em Delfos, quando proferiam os seus oráculos. (N. T.)

11 Com esse termo, Marx designa Luís Bonaparte. Crapulinski é um personagem do poema "Dois cavaleiros", de Heinrich Heine; o seu nome é derivado da palavra francesa *crapule*, crápula, devasso, canalha.

II

Retomemos o fio evolutivo dos eventos.

A história da *Assembleia Nacional Constituinte* a partir das jornadas de junho é a *história do domínio e da dissolução da facção burguesa republicana*, ou seja, daquela facção conhecida pelo nome de republicanos tricolores, republicanos puros, republicanos políticos, republicanos formalistas etc.

Sob a monarquia burguesa de Luís Filipe, essa facção havia constituído a *oposição* republicana *oficial* e, em consequência, uma parcela reconhecida do mundo político daquela época. Ela possuía os seus representantes nas câmaras e tinha a imprensa como um âmbito de atuação importante. O seu órgão parisiense, o *National*, era, à sua maneira, tão respeitável quanto o *Journal des Débats*. Essa posição assumida sob a monarquia constitucional correspondia bem ao seu caráter. Não se tratava de uma facção da burguesia unida por elevados interesses comuns nem demarcada por condições peculiares de produção. Tratava-se, antes, de uma *coterie* [corja] de burgueses, escritores, advogados, oficiais e funcionários públicos de mentalidade republicana cuja influência estava baseada nas antipatias pessoais do país contra Luís Filipe, nas reminiscências da velha República, na fé republicana de um punhado de entusiastas, mas sobretudo no *nacionalismo francês*, cujo ódio contra os Tratados de Viena[12] e contra

[12] Os Tratados de Viena estabeleceram as condições da paz negociadas no Congresso de Viena (18 de setembro de 1814 a 9 de junho de 1815), do qual participaram todos os países que haviam lutado contra Napoleão I. O objetivo principal do congresso foi o restabelecimento do sistema reacionário feudal anterior à Revolução Francesa e das fronteiras da França de 1792.

a aliança com a Inglaterra eles mantinham permanentemente aceso. Grande parte dos adeptos que o *National* possuía sob Luís Filipe se deviam a esse imperialismo dissimulado, que, mais tarde, sob a República, pôde contrapor-se a ele como concorrente aniquilador na pessoa de Luís Bonaparte. O *National* combatia a aristocracia financeira como fazia o resto da oposição burguesa. A polêmica contra o orçamento, que, na França, ocorreu precisamente em conexão com o combate à aristocracia financeira, propiciava uma popularidade tão fácil e um material tão rico para *leading articles* [editoriais] puritanos que não podia deixar de ser explorada. A burguesia industrial era-lhe grata por sua defesa servil do sistema alfandegário protecionista francês, que ele, entretanto, acolheu mais por razões nacionalistas do que por razões de economia nacional, a burguesia como um todo ficava agradecida por suas denúncias rancorosas do comunismo e do socialismo. No mais, o partido do *National* era *puramente republicano*, isto é, reivindicava uma forma republicana em lugar da forma monárquica do domínio burguês e queria sobretudo ficar com a parte do leão nesse domínio. Ele não tinha clareza nenhuma sobre as condições dessa transformação. Em contrapartida, o que para ele estava claro como o sol e foi declarado publicamente nos banquetes reformistas do último período de Luís Filipe era a sua impopularidade junto aos pequeno-burgueses democratas e particularmente junto ao proletariado revolucionário. Esses republicanos puros, como costumam ser os republicanos puros, já estavam dispostos a se contentar, num primeiro momento, com a regência da duquesa de Orléans, quando irrompeu a Revolução de Fevereiro e reservou um lugar no Governo Provisório aos seus representantes mais conhecidos. Eles naturalmente ganharam de antemão a confiança da burguesia e a maioria na Assembleia Constituinte. A Comissão Executiva constituída pela Assembleia Nacional reunida excluiu imediatamente do Governo Provisório os elementos *socialistas*, e o partido do *National* valeu-se da Insurreição de Junho para destituir também a *Comissão Executiva* e, desse modo, livrar-se dos seus rivais mais próximos, os *republicanos pequeno-burgueses* ou *democratas* (Ledru-Rollin etc.).

Cavaignac, o general do partido burguês republicano, que comandou a batalha de junho, tomou o lugar da Comissão Executiva com uma espécie de poder ditatorial. Marrast, ex-redator *en chef* do *National*, perpetuou-se como presidente da Assembleia Nacional Constituinte, e os ministérios, assim como todos os demais postos importantes, couberam aos republicanos puros.

Desse modo, a facção burguesa republicana, que há muito se vira como herdeira legítima da Monarquia de Julho, viu superados os seus ideais; ela, no entanto, não chegou ao poder como havia sonhado sob Luís Filipe, isto é, mediante uma revolta liberal da burguesia contra o trono, mas por meio de uma rebelião do proletariado contra o capital, rebelião que foi metralhada. O que ela tinha imaginado que seria *o mais revolucionário* dos eventos, na realidade sucedeu como o mais *contrarrevolucionário* dos eventos. O fruto lhe caiu no colo, mas caiu da árvore do conhecimento e não da árvore da vida.

O *domínio* exclusivo dos *burgueses republicanos* durou apenas de 24 de junho a 10 de dezembro de 1848. Ele se resume à formulação de uma *Constituição republicana* e ao *estado de sítio de Paris*.

A nova *Constituição* consistiu, no fundo, apenas numa edição republicanizada da Carta Constitucional do proletariado, de 1830. O pleito censitário de base estreita da Monarquia de Julho, que excluiu inclusive uma grande parcela da burguesia do domínio político, era incompatível com a existência da república burguesa. A Revolução de Fevereiro proclamou imediatamente a vigência do sufrágio universal direto em lugar da lei censitária. Os burgueses republicanos não puderam mais desfazer esse acontecimento. Tiveram de contentar-se com acrescentar a determinação restritiva dos seis meses de residência no domicílio eleitoral. A velha organização da administração, do sistema comunitário, da jurisprudência, do exército etc. continuou intacta, ou os pontos em que a Constituição introduziu alterações disseram respeito ao índice de conteúdos e não ao conteúdo, à denominação e não ao assunto.

O inevitável estado-maior das liberdades de 1848, ou seja, liberdade pessoal, liberdade de imprensa, de expressão, de associação, de reunião, de ensino e religião etc. recebeu um uniforme constitucional que o tornou inviolável. Cada uma dessas liberdades foi proclamada como direito *incondicional* do *citoyen* francês, cada uma, porém, dotada da nota marginal de que seriam irrestritas enquanto não fossem limitadas pelos "*mesmos direitos dos outros* e pela *segurança pública*", ou por "leis" que visam mediar justamente essa harmonia das liberdades individuais entre si e com a segurança pública. Por exemplo:

Os cidadãos têm o direito de se associar, de reunir-se de modo pacífico e sem armas, de peticionar e expressar as suas opiniões por intermédio da imprensa ou como quer que seja. *O gozo desses direitos não sofrerá nenhuma restrição, a não ser pelos mesmos direitos de outros e pela segurança pública* (cap. II da Constituição francesa, § 8).

O ensino é livre. A liberdade de ensinar deve ser *gozada* nas condições fixadas em lei e sob a supervisão do Estado (Idem, § 9).

A residência de cada cidadão é inviolável *exceto* nas formas prescritas pela lei (cap. II, § 3.). Etc., etc.

Assim, a Constituição constantemente remete a leis *orgânicas* futuras que devem detalhar aquelas notas marginais e regular o gozo dessas liberdades irrestritas de tal maneira que não entrem em choque umas com as outras nem com a segurança pública. Mais tarde, essas leis orgânicas foram implementadas pelos amigos da ordem e todas aquelas liberdades foram regulamentadas de tal modo que a burguesia, ao gozar delas, não ficasse chocada ao ver as demais classes gozarem dos mesmos direitos. Quando ela proibiu "aos outros" essas liberdades ou lhes permitiu gozá-las sob condições que implicavam outras tantas armadilhas policiais, isso sempre ocorreu apenas no interesse da "*segurança pública*", isto é, da segurança da burguesia, como prescreve a Constituição. Em consequência, ambos os lados se reportam, posteriormente e com toda razão, à Constituição, tanto os amigos da ordem que suprimiram todas aquelas liberdades quanto os democratas que exigiram o seu cumprimento. Isso se deve ao fato de que cada parágrafo da Constituição contém a sua própria antítese, a sua câmara superior e a sua câmara inferior, a saber, na sentença universal, a liberdade e, na nota marginal, a revogação da liberdade. Portanto, enquanto a *denominação* da liberdade foi respeitada e somente a execução efetiva desta foi impedida – pela via legal, bem entendido – a existência constitucional da liberdade permaneceu incólume, intocada, por mais que a sua existência *ordinária* tenha sido suprimida.

Entretanto, essa Constituição, que tão ciosamente fora feita inviolável, era, como Aquiles, vulnerável em um ponto, não no calcanhar, mas na cabeça, ou, melhor, nas duas cabeças em que resultava – a *Assembleia Legislativa*, de um lado, o *presidente*, de outro. Basta um rápido olhar pela Constituição para perceber que somente os parágrafos que definem a relação do presidente com a Assembleia Legislativa são absolutos, positivos, sem contradição e não passíveis de distorção. Pois, nesse ponto, os burgueses republicanos consideraram importante assegurar a sua própria posição. Os parágrafos 45-70 da Constituição são redigidos de tal maneira que a Assembleia Nacional pode afastar o presidente pela via constitucional, mas o presidente pode afastar a Assembleia Nacional somente pela via inconstitucional, a saber, somente revogando a própria Constituição. Portanto, nesse ponto, ela provoca a sua destruição pela violência. Ela não só santifica a divisão dos poderes, como a Carta de 1830, mas a amplia até a contradição insuportável. Na Constituição de 1848, o *jogo dos poderes constitucionais*, como Guizot chamou a querela parlamentarista entre o Poder Legislativo e o Poder Executivo, dá-se constantemente na base do *va banque* [vale a mesa]. De um lado, estão 750 representantes do povo eleitos e reelegíveis pelo sufrágio universal, que compõem uma Assembleia Nacional não controlável, indissolúvel e indivisível que goza de onipotência legislativa, que decide em última instância sobre guerra, paz e contratos comerciais, detém o direito exclusivo de conceder anistia e por sua permanência domina o primeiro plano do cenário. Do outro lado, o presidente, com todos os atributos do poder real, tendo competência para nomear e destituir os seus ministros independentemente da Assembleia Nacional, tendo nas suas mãos todos os meios do Poder Executivo para distribuir todos os postos, ou seja, para decidir, no caso da França, sobre nada menos que

1,5 milhão de existências, porque esse é o número dos que dependem dos 500 mil funcionários públicos e dos oficiais de todas as patentes. Ele tem a proteção do conjunto das Forças Armadas. Ele goza do privilégio de poder indultar criminosos individuais, suspender a atividade das guardas nacionais, destituir com o consentimento do Conselho de Estado os conselhos gerais, cantonais e comunitários eleitos pelos próprios cidadãos. A iniciativa e a condução de todos os contratos com o exterior são prerrogativa sua. Enquanto a Assembleia está constantemente atuando no palco e exposta à luz do dia da crítica ordinária, o presidente leva uma vida abscôndita nos campos elísios[13], mais precisamente, com o artigo 45 da Constituição diante dos olhos e dentro do coração, o qual o saúda diariamente com as seguintes palavras: "*Frère, il faut mourir!*" [Irmão, morrer é preciso!]. No segundo domingo do belo mês de maio, no quarto ano de tua eleição, acaba o teu poder! Naquele dia, a tua glória chegará ao fim, a peça não será encenada duas vezes, e se tiveres dívidas, trata de quitá-las em tempo hábil com os 600 mil francos que a Constituição dispendeu contigo, a não ser que prefiras marchar para Clichy[14] na segunda segunda-feira daquele belo mês de maio! – Quando uma Constituição confere desse modo ao presidente o poder de fato, ela procura assegurar à Assembleia Nacional o poder moral. Abstraindo do fato de que é impossível criar um poder moral por meio de parágrafos legais, a Constituição novamente revoga a si própria nesse ponto, ao fazer com que o presidente seja eleito por todos os franceses por meio do voto direto. Enquanto os votos da França se fragmentam pelos 750 membros da Assembleia Nacional, no caso do presidente, eles se concentram em *um só* indivíduo. Enquanto cada representante popular individual representa apenas este ou aquele partido, esta ou aquela cidade, esta ou aquela cabeça de ponte ou meramente a necessidade de eleger um 750º qualquer, do qual não

---

13 Alusão irônica ao Palácio do Eliseu, que serviu de residência a Luís Bonaparte de 1848 a 1852.

14 Prisão para endividados em Paris de 1826 a 1867.

se examina detidamente nem a causa nem a pessoa, *ele* é o eleito da nação, e o ato de elegê-lo é o grande trunfo que o povo soberano joga uma vez a cada quatro anos. A Assembleia Nacional eleita se encontra numa relação metafísica, mas o presidente eleito numa relação pessoal com a nação. A Assembleia Nacional certamente apresenta, em cada um dos seus representantes, as múltiplas facetas do espírito nacional, mas no presidente esse espírito se encarna. O presidente possui em relação à Assembleia uma espécie de direito divino, pois ele detém o seu cargo pela graça do povo.

Tétis, a deusa do mar, profetizou a Aquiles que ele morreria na flor da juventude. A Constituição, que, como Aquiles, tinha o seu ponto fraco, também intuiu, como ele, que deveria falecer prematuramente. Bastou aos republicanos puros, membros da Constituinte, lançar um olhar das nuvens da sua república ideal para o mundo profano para reconhecer como crescia diariamente a arrogância dos monarquistas, dos bonapartistas, dos democratas, dos comunistas e o seu próprio descrédito à medida que se aproximavam da consumação da sua grande obra de arte legislativa, não sendo necessário que Tétis deixasse o mar para contar-lhes esse segredo. Eles procuraram driblar a fatalidade de modo constitucionalmente esperto mediante o parágrafo 111 da Constituição, segundo o qual toda proposta de *revisão da Constituição* deveria ser submetida a três debates sucessivos, com intervalo de um mês inteiro entre eles, e aprovada por pelo menos três quartos dos votos, pressuposto ainda que votem no mínimo quinhentos membros da Assembleia. Isso representou apenas a tentativa impotente de, ainda na condição de minoria parlamentar, como profeticamente em espírito já se vislumbravam, exercer um poder que, naquele momento em que dispunham da maioria parlamentar e de todos os recursos do poder governamental, diariamente lhes ia escapando um pouco mais das suas fracas mãos.

Por fim, em um parágrafo melodramático, a Constituição se confiou "à vigilância e ao patriotismo do povo francês como um todo, assim como de cada francês em particular", depois de ter confiado, em outro parágrafo, os "vigilantes" e "patrióticos" à atenção terna e altamente diligente da Suprema Corte, *haute cour*, especialmente criada por ela para isso.

Isso foi a Constituição de 1848 que, no dia 2 de dezembro de 1851, não foi derrubada por uma cabeça, mas desabou ao contato com um simples chapéu; na verdade, não foi um chapéu qualquer, mas um chapéu napoleônico de três pontas.

Enquanto na Assembleia os burgueses republicanos estavam ocupados em ruminar, discutir e votar essa Constituição, fora da Assembleia, Cavaignac mantinha *Paris em estado de sítio*. O estado de sítio de Paris foi a parteira que ajudou a Constituinte no trabalho de parto da sua criação republicana. Mesmo que a Constituição mais tarde tenha sido eliminada pela baioneta, não se pode esquecer que foi igualmente pela baioneta, mais precisamente, pela baioneta voltada contra o povo, que ela teve de ser protegida já no ventre materno e foi pela baioneta que ela teve de ser trazida ao mundo. Os antecessores dos "honoráveis republicanos" haviam feito com que o seu símbolo, a tricolor, percorresse toda a Europa. Estes, por seu turno, produziram uma invenção que por si mesma traçou o seu caminho por todo o continente, mas sempre regressou à França com amor renovado, até adquirir direito de cidadania na metade dos seus departamentos: o *estado de sítio*. Excelente invenção, periodicamente utilizada em cada crise subsequente no curso da Revolução Francesa. Porém, caserna e bivaque, que eram postos periodicamente sobre a cabeça da sociedade francesa para comprimir o seu crânio e emudecê-la; sabre e mosquete, aos quais periodicamente se permitia que julgassem e administrassem, tutelassem e censurassem, fizessem o trabalho da polícia e dos vigilantes noturnos; bigode e farda, que periodicamente eram trombeteados como a suprema sabedoria da sociedade e como regentes desta – não acabaria ocorrendo necessariamente à caserna e ao bivaque, ao sabre e ao mosquete, ao bigode e à farda que seria preferível salvar a sociedade de uma vez por todas, proclamando o seu próprio regime como o regime supremo e livrando a sociedade burguesa inteiramente da preocupação de governar a si própria? A caserna e o bivaque, o sabre e o mosquete, o bigode e a farda necessariamente acabariam tendo essa ideia, tanto mais porque, nesse caso, poderiam esperar melhor remuneração em dinheiro devido ao merecimento majorado, ao passo que, no caso do estado de sítio apenas periódico e dos salvamentos momentâneos da sociedade por solicitação dessa ou daquela facção da burguesia, pouca coisa sólida sobrava além de alguns mortos e feridos e algumas caretas amistosas dos cidadãos. Os militares não deveriam, enfim, agir também no seu próprio interesse, brincando de estado de sítio e sitiando ao mesmo tempo as bolsas burguesas? Aliás, não se deve esquecer – diga-se de passagem – que, neste exato instante, o *coronel Bernhard*, o mesmo presidente da comissão militar que sob Cavaignac providenciou a deportação sem julgamento de 15 mil insurgentes, está novamente atuando na liderança das comissões militares em atividade em Paris.

Mediante o estado de sítio de Paris, os republicanos puros e honoráveis instalaram o viveiro no qual se criariam os pretorianos do dia 2 de dezembro[15]; em contrapartida, eles merecem um voto de louvor porque, no momento em que tiveram à sua disposição o poder nacional, em vez de exagerar o sentimento nacionalista, como fizeram sob Luís Filipe, passaram a rastejar diante do estrangeiro e, em vez de libertar a Itália, permitiram que ela fosse reconquistada por austríacos e napolitanos. A eleição de Luís Bonaparte para presidente no dia 10 de dezembro de 1848 pôs fim à ditadura de Cavaignac e à Assembleia Constituinte.

No parágrafo 44 da Constituição está escrito: "O presidente da República francesa jamais poderá ter abandonado a sua condição de cidadão francês". O primeiro presidente da República francesa, L. N. Bonaparte, não só havia perdido a sua condição de cidadão francês, não só havia pertencido ao corpo especial de guardas inglês, mas também era um suíço naturalizado.

Escrevi em outro lugar mais extensamente sobre a importância da eleição de 10 de dezembro*. Não voltarei ao tema neste ponto. É su-

---

[15] Referência à Sociedade 10 de Dezembro, organização criada por Luís Bonaparte em 1849.

* *As Lutas de classes na França de 1848 a 1850* (São Paulo, Boitempo, 2012). (N. T.)

ficiente mencionar aqui que ela constituiu uma *reação dos camponeses*, que tiveram de arcar com os custos da Revolução de Fevereiro, contra as demais classes da sua nação, uma *reação do campo contra a cidade*. A sua ressonância foi grande entre as Forças Armadas, às quais os republicanos do *National* não haviam proporcionado fama nem pagamento adicional, entre a alta burguesia, que saudou Bonaparte como ponte para a monarquia, e entre proletários e pequeno-burgueses, que o saudaram como punição para Cavaignac. Mais adiante encontrarei ocasião para tratar com mais detalhe a relação entre os *camponeses* e a Revolução Francesa.

A época de 20 de dezembro de 1848[16] até a dissolução da Constituinte em maio de 1849 compreende a história do ocaso dos burgueses republicanos. Depois de ter fundado uma República para a burguesia, escorraçado o proletariado revolucionário do campo e calado momentaneamente a pequena-burguesia democrata, eles próprios foram postos de lado pela massa da burguesia que, com razão, confiscou essa República como a *sua propriedade*. Essa massa da burguesia, contudo, era *monarquista*. Uma parte dela, os grandes proprietários de terra, havia governado sob a *Restauração* e, por conseguinte, era *legitimista*. A outra parte, os aristocratas financeiros e os grandes industriais, havia governado sob a Monarquia de Julho e, por conseguinte, era *orleanista*. Os altos dignitários das Forças Armadas, da universidade, da igreja, do *barreau* [barra do tribunal, advocacia], da academia e da imprensa se distribuíram pelos dois lados, ainda que em proporções desiguais. Na república burguesa, que não era chamada pelo nome de *Bourbon* nem pelo nome de *Orléans*, mas pelo nome de *Capital*, eles haviam descoberto a forma de Estado em que poderiam governar *conjuntamente*. A Insurreição de Junho já os havia unificado no "Partido da Ordem". A primeira coisa a fazer então era eliminar a *coterie* dos burgueses republicanos, que ainda detinha os seus assentos na Assembleia Nacional. Na mesma proporção em que haviam sido brutais no abuso

[16] No dia 20 de dezembro de 1848, Cavaignac depôs o seu cargo; Luís Bonaparte, no mesmo dia proclamado presidente da República pela Assembleia Nacional Constituinte, nomeou o seu primeiro ministério encabeçado por Odilon Barrot.

da violência física contra o povo, esses republicanos puros foram covardes, subservientes, pusilânimes, abatidos, incapazes de lutar no seu recuo quando era hora de afirmar o seu republicanismo e a sua autoridade legislativa frente ao Poder Executivo e aos monarquistas. Não me cabe contar aqui a história vergonhosa da sua dissolução. Foi um passamento, não um ocaso. A sua história saiu de cena definitivamente e, no período subsequente, eles figuraram, seja dentro da Assembleia, seja fora dela, só mais como memórias, memórias que parecem ganhar vida novamente quando se volta a tratar da mera designação "república" e sempre que o conflito revolucionário ameaça chegar ao seu nível mais baixo. Comento de passagem que o jornal que deu nome ao partido, o *National*, converteu-se ao socialismo no período seguinte.

Antes de concluirmos este período, devemos fazer um retrospecto dos dois poderes, um dos quais destrói o outro no dia 2 de dezembro de 1851, ao passo que, de 20 de dezembro de 1848 até a resignação da Constituinte, haviam vivido em relação conjugal. Referimos-nos a Luís Bonaparte, de um lado, e ao partido do monarquistas coligados, ao Partido da Ordem, da alta burguesia, de outro. Ao assumir a presidência, Bonaparte compôs imediatamente um ministério do Partido da Ordem, à frente do qual colocou Odilon Barrot, *nota bene*, o antigo líder da facção mais liberal da burguesia parlamentarista. O sr. Barrot finalmente havia conseguido capturar o ministério, cujo espectro o estivera perseguindo desde 1830, e mais do que isso: a presidência desse ministério; porém, não como havia imaginado sob Luís Filipe, como o chefe mais avançado da oposição parlamentarista, e sim com a tarefa de acabar com um Parlamento, e como aliado de todos os seus arqui-inimigos, ou seja, dos jesuítas e legitimistas. Ele acabou levando a noiva para casa, mas só depois de ela ter se prostituído. O próprio Bonaparte aparentemente se eclipsou por inteiro. Aquele partido agia por ele.

Já na primeira sessão do conselho ministerial foi decidida a expedição a Roma, que se acordou fazer pelas costas da Assembleia Nacional, arrancando desta sob um falso pretexto os meios para realizá-la. Deu-se início, assim, a uma engambelação da Assembleia Nacional e a uma conspiração secreta com os poderes absolutistas do exterior contra a República Romana revolucionária. Foi exatamente dessa mesma maneira que Bonaparte preparou o seu *coup* [golpe] de 2 de dezembro contra o legislativo monarquista e a sua república constitucional. Não esqueçamos que o mesmo partido que, em 20 de dezembro de 1848, compôs o ministério de Bonaparte, no dia 2 de dezembro de 1851 constituiu a maioria da Assembleia Nacional Legislativa.

Em agosto, a Assembleia Constituinte havia decidido dissolver-se depois de elaborar e promulgar toda uma série de leis orgânicas que deveriam complementar a Constituição. O Partido da Ordem lhe propôs, através do seu representante Rateau, no dia 6 de janeiro de 1849, que deixasse de lado as leis orgânicas e decidisse, antes, a sua *própria dissolução*. Não só o ministério com o sr. Odilon Barrot à frente, mas também todos os membros monarquistas da Assembleia Nacional bradavam-lhe, naquele momento, que a sua dissolução seria necessária para estabelecer o crédito, para consolidar a ordem, para acabar com o estado provisório indefinido e para fundar um estado definitivo, que ela estaria atrapalhando a produtividade do novo governo e procurando prolongar a sua existência por puro ressentimento, que o país estaria cansado dela. Bonaparte tomou nota de todas essas invectivas contra o Poder Legislativo, aprendeu-as de cor e, no dia 2 de dezembro de 1851, mostrou aos monarquistas parlamentaristas que aprendera com eles. Repetiu contra eles as suas próprias palavras-chave.

O ministério de Barrot e o Partido da Ordem não pararam por aí. Eles estimularam *petições à Assembleia Nacional* em toda a França, solicitando que esta fizesse o favor de desaparecer. Desse modo, inflamaram as massas não orgânicas do povo contra a Assembleia Nacional, a expressão constitucionalmente organizada do povo. Eles ensinaram Bonaparte a apelar ao povo frente às assembleias parlamentares. Em 29 de janeiro de 1849, finalmente havia chegado o dia em que a Assembleia Constituinte deveria decidir sobre a sua própria dissolução. A Assembleia encontrou o prédio em que realizava as suas sessões ocupado pelos militares; Changarnier, o general do Partido da Ordem, que detinha o comando supremo unificado da Guarda Nacional e das tropas de linha, promovia uma grande parada militar em Paris, como se alguma batalha fosse iminente, e os monarquistas coligados declararam à Assembleia Constituinte em tom de ameaça que se faria o uso de violência caso ela não acedesse. Ela acedeu e só conseguiu negociar a sua sobrevivência por um curto espaço de tempo. Que diferença há entre o 29 de janeiro e o *coup d'état* de 2 de dezembro de 1851, além de ter sido desferido com Bonaparte pelos monarquistas contra a Assembleia Nacional republicana? Aqueles senhores não se deram conta ou não quiseram se dar conta de que Bonaparte usou o 29 de janeiro de 1849 para fazer com que uma parte das tropas desfilasse diante dele nas Tulherias, lançando mão com avidez justamente dessa primeira exibição pública do poder militar contra o poder parlamentar para indicar que se portaria como um Calígula. A única coisa que eles viram foi o seu Changarnier.

Outro motivo que, de modo especial, levou o Partido da Ordem a abreviar à força a existência da Assembleia Constituinte foram as leis *orgânicas* que deveriam complementar a Constituição, como a lei do ensino, a lei da cultura etc. Para os monarquistas coligados, era da maior importância que eles próprios fizessem essas leis e não os republicanos, que já haviam ficado desconfiados. É que entre essas leis orgânicas se encontrava também uma lei sobre as responsabilidades do presidente da República. Em 1851, a Assembleia legislativa estava justamente ocupada com a redação de uma lei desse tipo, quando Bonaparte se antecipou a esse *coup* mediante o *coup* de dois de dezembro. O que não teriam dado os monarquistas coligados, na sua campanha parlamentar no inverno de 1851, para ter a Lei de Responsabilidade pronta à sua disposição, e mais exatamente redigida por uma Assembleia desconfiada, hostil, republicana!

Depois de a Assembleia Constituinte ter quebrado com as próprias mãos a sua última arma no dia 29 de janeiro 1849, o ministério de Barrot e os adeptos do Partido da Ordem a acossaram até a morte, não deixaram passar nada que a pudesse humilhar, arrancando dela, em sua fraqueza desesperadora, leis que lhe custaram junto ao público o resto de respeito de que ainda gozava. Bonaparte, ocupado com a sua ideia fixa napoleônica[17], foi suficientemente petulante para explorar publicamente essa humilhação do poder parlamentar. A saber, quando a Assembleia Nacional, no dia 8 de maio de 1849, emitiu um voto de censura ao ministério por causa da ocupação de Civitavecchia por Oudinot e ordenou que a expedição a Roma fosse reconduzida ao propósito alegado[18], Bonaparte publicou na mesma noite no *Moniteur* uma carta a Oudinot em que o felicitou por seus feitos heroicos, portando-se já como o magnânimo protetor das Forças Armadas em contraposição aos parlamentares borra-papéis. Os monarquistas deram risada. Eles simplesmente o consideravam o seu *dupe* [otário]. Por fim, quando Marrast, o presidente da Assembleia Constituinte, por um momento acreditou que a segurança da Assembleia estava ameaçada e, baseado na Constituição, requereu um coronel com o seu regimento, o coronel se recusou a obedecer, recorreu à disciplina hierárquica e remeteu Marrast a Changarnier; este o dispensou desdenhosamente, comentando que não gostava das *bayonettes intelligentes* [baionetas inteligentes]. Em novembro de 1851, quando os monarquistas coligados quiseram começar a briga decisiva contra Napoleão, procuraram aprovar, mediante a sua famigerada Lei dos Questores, o princípio da requisição direta das tropas pelo

---

17 Alusão ao livro de Luís Bonaparte, intitulado *Des idées napoléoniennes* [Das ideias napoleônicas], publicado no ano de 1839, em Paris e Bruxelas.

18 No outono de 1848, teve início na Itália um novo levante revolucionário visando à independência nacional e à reunificação do país. Em Roma, uma revolta popular armada obrigou o papa a bater em retirada, no dia 16 de novembro de 1848, e conquistou o sufrágio universal. No dia 9 de fevereiro, foi proclamada a República Romana e a abolição do poder secular do papa. Pio IX conclamou todos os Estados católicos à intervenção contra os libertários romanos. Ao lado da Áustria e de Nápoles, também tropas francesas participaram da intervenção. Sob a alegação de querer apoiar o Piemonte na luta contra a Áustria e defender a República Romana, o governo francês solicitou à Assembleia Nacional, em abril de 1849, a aprovação de recursos para aparelhar uma força expedicionária que seria enviada à Itália. Ela aportou junto a Civitavecchia no dia 27 de abril de 1849. No final de abril, o primeiro ataque das tropas francesas foi rechaçado. No final de maio, teve início o segundo ataque, ao qual a República Romana sucumbiu no dia 3 de julho de 1849, depois de heroica resistência.

presidente da Assembleia Nacional. Um dos generais, Le Flô, havia assinado o projeto de lei. Foi em vão que Changarnier votou a favor do projeto e Thiers prestou homenagem à prudente sabedoria da anterior Assembleia Constituinte. O *ministro da Guerra, St. Arnaud,* respondeu-lhe como Changarnier havia respondido a Marrast, e isto sob os aplausos da Montanha!

Assim sendo, foi o próprio *Partido da Ordem,* quando ainda não era Assembleia Nacional, quando era apenas ministério, que estigmatizou o *regime parlamentarista.* E foi ele que berrou quando o dia 2 de dezembro de 1851 expulsou esse regime da França!

Desejamos-lhe boa viagem.

III

No dia 28 de maio de 1849, constituiu-se a Assembleia Nacional Legislativa. No dia 2 de dezembro de 1851, ela foi dissolvida. Esse período perfaz o tempo de vida da *República Constitucional* ou *Parlamentar*.

Na primeira Revolução Francesa, seguiu-se ao governo dos *constitucionalistas* o governo dos *girondinos* e ao governo dos *girondinos* o governo dos *jacobinos*. Cada um desses partidos se apoiou no mais avançado. Assim que um deles conduziu a Revolução até o ponto de não mais poder segui-la e menos ainda puxar-lhe a frente, o aliado mais ousado que estava logo atrás dele o pôs de lado e o mandou para a guilhotina. Assim, a Revolução se moveu numa linha ascendente.

Aconteceu o contrário na Revolução de 1848. O partido proletário figurou como apêndice do partido democrático pequeno-burguês, sendo traído por este e abandonado à própria sorte em 16 de abril[19], 15 de maio[20] e nas jornadas de junho[21]. O partido democrático, por sua vez, apoiou-se nos ombros do partido republicano-burguês. Os republicano-burgueses mal sentiram o chão firme debaixo dos pés e já se desvencilharam do incômodo camarada, apoiando-se, eles próprios, nos ombros do Partido da Ordem. O Partido da Ordem encolheu os ombros, deixou os republicano-burgueses caírem e se jogou nos ombros das Forças Armadas. Ele ainda acreditava estar sentado

[19] No dia 16 de abril de 1848, a Guarda Nacional dispersou uma demonstração pacífica dos trabalhadores parisienses, que pretendiam entregar ao Governo Provisório um comunicado aprovado no Campo de Marte e uma coleta patriótica.

[20] Cf. nota 9.

[21] Cf. nota 1.

sobre os ombros destas quando, numa bela manhã, deu-se conta de que os ombros haviam se transformado em baionetas. Cada um desses partidos bateu por trás naquele que avançava e se curvou para trás para apoiar-se naquele que retrocedia. Não admira que, nessa pose ridícula, cada um desses partidos tenha perdido o equilíbrio e, depois de ter rasgado as suas inevitáveis caretas, estatelado-se no chão fazendo cabriolas esquisitas. Desse modo, a revolução se moveu numa linha descendente. Ela já estava nesse movimento retrocessivo antes de ser desmontada a última barricada de fevereiro e constituída a primeira autoridade revolucionária.

O período que temos diante de nós abrange a mais variada mistura de contradições gritantes: constitucionalistas que conspiram contra a Constituição; revolucionários que admitem ser constitucionalistas; uma Assembleia Nacional que quer ser onipotente e que o tempo todo permanece parlamentarista; uma Montanha que acha a sua vocação na tolerância e que compensa as suas atuais derrotas profetizando vitórias futuras; monarquistas que constituem os *patres conscripti** da república e que são forçados pela situação a manter no exterior as casas reais inimigas de que são adeptos e, na França, a república que odeiam; um Poder Executivo que vislumbra a sua força na sua própria debilidade e a sua respeitabilidade no desprezo que inspira; uma república que nada mais é que a infâmia conjugada de duas monarquias, a da monarquia da Restauração e a da Monarquia de Julho, com uma etiqueta imperialista – uniões, cuja primeira cláusula é a separação; lutas, cuja primeira lei é a indecisão; em nome do sossego, agitação caótica e sem conteúdo; em nome da revolução, pregação solene do sossego; paixões sem verdade, verdades sem paixão, heróis sem feitos heroicos, história sem eventos; desenvolvimento, cujo único motor parece ter sido o calendário, exaurindo-se pela constante repetição das mesmas tensões e distensões; antagonismos que parecem aguçar a si mesmos periodicamente só para embotar-se e ruir sobre si mesmos sem conseguir chegar a uma resolução; esforços pretensiosamente

* Pais eleitos (título de honra dos senadores da Roma antiga). (N. T.)

encenados ao público e pavor burguês diante da ameaça do fim do mundo; ao mesmo tempo, os salvadores do mundo representam as intrigas e comédias cortesãs mais mesquinhas, que em seu *laisser-aller* [sua negligência] lembram menos o dia do juízo final do que os tempos da fronda[22] – o conjunto da genialidade oficial da França envergonhada pela estupidez astuta de um único indivíduo; toda a vontade da nação, sempre que manifestada pelo voto universal, buscando a expressão que lhe corresponde nos ultrapassados inimigos dos interesses das massas, até encontrá-la, por fim, na renitência de um flibusteiro. Se algum trecho da história foi pintado em tom de cinza, então foi esse. Pessoas e acontecimentos aparecem como *schlemihles** invertidos, como sombras que perderam os seus corpos. A revolução paralisou os seus próprios agentes e dotou somente os seus adversários de fervorosa violência. Quando finalmente surgiu o "espectro vermelho", constantemente conjurado e esconjurado pelos contrarrevolucionários, ele não apareceu com o barrete frígio do anarquismo na cabeça, mas trajando o uniforme da ordem, com as suas *bombachas vermelhas*.

Vimos que o ministério instalado por Bonaparte no dia 20 de dezembro de 1848, dia da sua ascensão ao céu[23], foi um ministério do Partido da Ordem, da coalizão legitimista e orleanista. Esse ministério de Barrot-Falloux havia hibernado durante a Assembleia Constituinte republicana, cuja duração ele abreviou de modo mais ou menos violento, e ainda se encontrava no comando. Changarnier, o general dos monarquistas coligados, unificava permanentemente em sua pessoa o comando-geral da primeira divisão militar e o da Guarda Nacional de Paris. Por fim, as eleições gerais haviam assegurado ao Partido

---

[22] A fronda foi um movimento de oposição contra o absolutismo na França, que existiu de 1648 a 1653. Ela reunia forças sociais variadas, desde elementos camponeses, plebeus radicais e elementos da burguesia oposicionista até altos funcionários e aristocratas. O movimento estava direcionado em primeira linha contra a política do cardeal Jules Mazarin.

* Referência à novela *Peter Schlemihls wundersame Geschichte* [A fantástica história de Peter Schlemihl], de A. von Chamisso (1814), em que o personagem principal Peter Schlemihl vende a sua sombra ao diabo. (N. T.)

[23] Alusão ao Palácio do Eliseu, a residência do presidente.

da Ordem a maioria na Assembleia Nacional. Nela, os deputados e pares de Luís Filipe encontraram uma legião sagrada de legitimistas para os quais numerosas cédulas de voto dadas pela nação haviam se transformado em bilhetes de ingresso para o teatro político. Os representantes populares bonapartistas eram muito poucos para conseguirem formar um partido parlamentarista autônomo. Eles aparecem apenas como *mauvaise queue* [apêndice ruim] do Partido da Ordem. Assim, este se apossou do poder de governo, das Forças Armadas e do corpo legislativo, em suma, de todo o poder do Estado, moralmente fortalecido pelas eleições gerais, que faziam com que o seu governo aparecesse como vontade do povo, e pela vitória concomitante da contrarrevolução em todo o continente.

Jamais um partido iniciou a sua campanha com tantos recursos e de modo tão alvissareiro.

Na Assembleia Nacional Legislativa, os *republicanos puros* naufragados estavam reduzidos a uma clique de cerca de cinquenta homens, encabeçados pelos generais africanos Cavaignac, Lamoricière e Bedeau. Contudo, o grande partido oposicionista era formado pela *Montanha*. Esse nome de batismo parlamentar foi dado a si mesmo pelo *Partido Social-Democrata*. Ele dispunha de mais de 200 dos 750 votos da Assembleia Nacional e, em consequência, era pelo menos tão poderoso quanto qualquer das três facções do Partido da Ordem tomadas em separado. A sua minoria relativa contra a coalizão monarquista como um todo aparentemente era compensada por circunstâncias especiais. As eleições nos departamentos não mostraram só que ele havia conquistado adesões importantes entre a população do campo. Ele também contava, entre as suas fileiras, com quase todos os deputados de Paris, as Forças Armadas haviam feito uma confissão de fé democrática mediante a eleição de três suboficiais e o chefe da Montanha, Ledru-Rollin, diferentemente de todos os representantes do Partido da Ordem, foi elevado à nobreza parlamentar por cinco departamentos que concentraram os seus votos nele. No dia 28 de maio de 1849, a Montanha parecia, portanto, ter diante de si todos os elementos para obter êxito, tendo em vista ainda as inevitáveis colisões dos monarquistas entre si e a inevitável colisão de todo o Partido da Ordem com Bonaparte. Quatorze dias depois, ele havia perdido tudo, incluindo a sua honra.

Antes de prosseguirmos com a história parlamentarista, fazem-se necessárias algumas observações para evitar os equívocos comuns sobre o caráter geral da época que temos diante de nós. Visto pelo prisma democrático, tratou-se, durante o período da Assembleia Nacional Legislativa, da mesma coisa de que se havia tratado no período da Assembleia Nacional Constituinte: da simples luta entre republicanos e monarquistas. Eles, porém, sintetizaram o movimento propriamente em *uma só* palavra-chave: *"reação"*, noite em que todos os gatos são pardos e que lhes permite recitar os seus lugares-comuns noctivígilos. E, no entanto, à primeira vista, o Partido da Ordem mostra ser um novelo de facções monarquistas distintas, que não só intrigam uma contra a outra para elevar ao trono o seu próprio pretendente e excluir o pretendente do partido contrário, mas também se unem no ódio comum e em ataques conjuntos contra a "república". Em contraposição a essa conspiração monarquista, a Montanha, por sua vez, aparece como representante da "república". O Partido da Ordem se mostra constantemente ocupado com uma "reação" que, tanto quanto na Prússia, volta-se contra a imprensa, a associação e coisas desse tipo e, como na Prússia, concretiza-se em brutais intervenções policialescas da burocracia, da gendarmaria e dos *parketts* [tribunais]. A "Montanha", por sua vez, está ocupada com a mesma constância em rechaçar esses ataques e assim defender os "eternos direitos humanos", como vinha fazendo todo e qualquer assim chamado partido popular mais ou menos há um século e meio. Um exame mais detido da situação e dos partidos, contudo, faz desaparecer essa aparência superficial, que mascara a *luta de classes* e a fisionomia peculiar desse período.

Como já foi dito, os legitimistas[24] e os orleanistas[25] compõem as duas grandes facções do Partido da Ordem. O que ligava essas facções

---

[24] Denominavam-se de legitimistas os partidários da dinastia de Bourbon, que governou a França de 1589 a 1793 e durante o período da Restauração, de 1814 a 1830.

[25] Os orleanistas eram os partidários da dinastia de Orléans, que governou a França durante a Monarquia de Julho (1830-48).

aos seus pretendentes e as mantinha separadas uma da outra era mesmo só o lírio[26] e a bandeira tricolor, a casa de Bourbon e a casa de Orléans, os diferentes matizes do monarquismo, era mesmo só a confissão de fé no monarquismo? Sob os Bourbon haviam governado a *grande propriedade fundiária* com os seus padrecos e lacaios, sob os Orléans as altas finanças, a grande indústria, o grande comércio, isto é, *o capital* com o seu séquito de advogados, professores e grandíloquos. O reinado legítimo foi apenas a expressão política do domínio tradicional dos senhores de terras, assim como a Monarquia de Julho havia sido apenas a expressão política do domínio usurpado dos *parvenus* [novos-ricos] burgueses. Portanto, o que mantinha essas facções separadas não foram os seus assim chamados princípios, mas as suas condições materiais de existência, dois tipos diferentes de propriedade, foi a antiga contraposição de cidade e campo, a rivalidade entre capital e propriedade fundiária. Quem negaria que, simultaneamente, velhas lembranças, inimizades pessoais, temores e esperanças, preconceitos e ilusões, simpatias e antipatias, convicções, artigos de fé e princípios os ligavam a esta ou àquela casa real? Sobre as diferentes formas da propriedade, sobre as condições sociais da existência se eleva toda uma superestrutura de sentimentos, ilusões, modos de pensar e visões da vida distintos e configurados de modo peculiar. Toda a classe os cria e molda a partir do seu fundamento material e a partir das relações sociais correspondentes. O indivíduo isolado, para o qual eles fluem mediante a tradição e a educação, pode até imaginar que eles constituem as razões que propriamente o determinam e o ponto de partida da sua atuação. Enquanto os orleanistas, os legitimistas, cada uma das facções tentava convencer a si mesma e a outra de que a sua adesão às suas respectivas casas reais as separava, os fatos acabaram demonstrando que foi, antes, o seu interesse dividido que impedia a união das duas casas reais. E, assim como na vida privada se costuma diferenciar entre o que uma pessoa pensa e diz de si mesma e o que ela realmente é e faz,

[26] O lírio era o emblema da dinastia de Bourbon; a violeta, o emblema dos bonapartistas.

nas lutas históricas deve-se diferenciar tanto mais as fraseologias e ilusões nutridas pelos partidos do seu verdadeiro organismo e dos seus reais interesses, deve-se diferenciar as suas concepções da sua realidade. Na República, orleanistas e legitimistas estavam lado a lado com as mesmas pretensões. Quando cada um deles procurava impor contra o outro a *restauração* da *sua própria* casa real, isso nada mais significava que *os dois grandes interesses* que cindiam a *burguesia* – propriedade de terras e capital – procuravam restaurar a sua própria supremacia e a subordinação do outro. Estamos falando de dois interesses da burguesia, pois a grande propriedade de terra, apesar do seu coquetismo feudal e seu orgulho de classe, havia sido totalmente aburguesada pelo desenvolvimento da sociedade moderna. Nessa linha, os *tories* na Inglaterra por muito tempo imaginaram estar cheios de entusiasmo pela realeza, pela Igreja e pelas belezas da antiga Constituição inglesa, até que o dia do perigo os forçou a admitir que a única coisa que de fato os entusiasmava era a *renda auferida da terra*.

Os monarquistas coligados intrigavam uns contra os outros na imprensa, em Ems[27], em Claremont[28], fora do Parlamento. Nos bastidores, voltaram a vestir as suas antigas librés orleanistas e legitimistas e a protagonizar os seus antigos torneios. Porém, no palco público, ou seja, nas suas principais ações oficiais, na condição de grande partido parlamentar, dispensavam as suas respectivas casas reais com simples mesuras e adiavam a restauração da monarquia *ad infinitum*. Eles executavam a sua real atividade na condição de *Partido da Ordem*, isto é, sob um título *social*, não *político*, como representantes da ordem mundial burguesa, não como cavaleiros de princesas andantes; como classe de burgueses contra todas as demais classes, não como monarquistas frente aos republicanos. E como Partido da Ordem exerceram um

---

[27] Ems e mais tarde também Veneza eram locais de residência do conde de Chambord. Na sua ausência, foi realizado em Ems, perto de Wiesbaden, um congresso dos legitimistas, em agosto de 1849.

[28] Referência a negociações entre os orleanistas e Luís Filipe, que fugira da França após a Revolução de Fevereiro e residia no castelo de Claremont, ao sul de Londres, ou no balneário Saint Leonhards, perto de Hastings.

domínio mais irrestrito e mais duro sobre as demais classes da sociedade do que jamais haviam exercido antes sob a Restauração ou sob a Monarquia de Julho, domínio possibilitado unicamente pela forma da república parlamentarista, pois somente assim os dois grandes segmentos da burguesia francesa puderam se unir, ou seja, colocar o domínio da sua classe na ordem do dia em lugar do regime de uma facção privilegiada dela. Mas quando eles, mesmo sendo o Partido da Ordem, insultaram a república e expressaram a sua aversão a ela, não fizeram isso só por reminiscência monarquista. O instinto lhes ensinou que a república de fato consumou o seu domínio político, mas, ao mesmo tempo, também minou a sua base social, porque passaram a ter de confrontar-se e lutar diretamente com as classes subjugadas sem mediação nenhuma, sem o refúgio da coroa, sem poder derivar o interesse nacional das suas querelas secundárias entre si e com o reinado. Foi a sensação de debilidade que os fez recuar diante das condições puras do seu próprio domínio de classe e ansiar por retornar às formas mais incompletas, mais subdesenvolvidas e, por isso mesmo, menos perigosas de tal domínio. Em contrapartida, sempre que os monarquistas coligados entram em conflito com o pretendente que os enfrenta, com Bonaparte, sempre que imaginam que a sua onipotência parlamentar é ameaçada pelo Poder Executivo, ou seja, sempre que têm de trazer à tona o título político do seu domínio, eles se apresentam como *republicanos* e não como *monarquistas*: do orleanista Thiers, que adverte a Assembleia Nacional dizendo que o que menos os separa é a república, até o legitimista Berryer, que, no dia 2 de dezembro de 1851, envolto pela echarpe tricolor, arengava, em nome da república, para o povo reunido diante do prédio da prefeitura do décimo *arrondissement* [distrito]. Todavia, o eco lhe responde zombeteiramente: Henrique V! Henrique V!

Para enfrentar a burguesia coligada, formara-se uma coalizão de pequeno-burgueses e trabalhadores, o chamado *Partido Social-Democrata*. Depois das jornadas de junho de 1848, os pequeno-burgueses não se sentiram recompensados à altura, viram os seus interesses materiais ameaçados e as garantias democráticas, que deveriam assegurar-lhes a validação desses interesses, contestadas pela contrarrevolução. Em consequência disso, eles se aproximaram dos trabalhadores. Em contrapartida, a sua representação parlamentar, a *Montanha*, que durante a ditadura dos republicanos burgueses havia sido posta de lado, reconquistou, na última metade de vida da Assembleia Constituinte, mediante a luta contra Bonaparte e contra os ministros monarquistas, a popularidade perdida. Ela havia feito uma aliança com os líderes socialistas. Em fevereiro de 1849, foram celebrados banquetes de reconciliação. Um programa comum foi elaborado, comitês eleitorais comuns foram instituídos e candidatos comuns lançados. A ponta revolucionária das exigências sociais do proletariado foi quebrada e foi-lhe dado um viés democrático, as reivindicações democráticas da pequena-burguesia foram despidas da sua forma meramente política e a sua ponta socialista voltada para fora. Assim surgiu a *social-democracia*. A nova *Montanha*, resultante dessa combinação, era constituída – abstraindo de alguns figurantes da classe dos trabalhadores e alguns sectários socialistas – dos mesmos elementos que a antiga Montanha, só que numericamente mais fortes. Porém, no decorrer do seu desenvolvimento, ela havia se modificado junto com a classe que representava. O caráter peculiar da social-democracia se resumia aos seguintes termos: reivindicavam-se instituições republicanas democráticas, não como meio de suprimir dois extremos, o capital e o trabalho assalariado, mas como meio de atenuar a sua contradição e transformá-la em harmonia. Quaisquer que sejam as medidas propostas para alcançar esse propósito, por mais que ele seja ornado com concepções mais ou menos revolucionárias, o teor permanece o mesmo. Esse teor é a modificação da sociedade pela via democrática, desde que seja uma modificação dentro dos limites da pequena-burguesia. Basta não cultivar a ideia estreita de que a pequena-burguesia tenha pretendido, por princípio, impor um interesse egoísta de classe. A social-democracia acredita, antes, que as condições *específicas* da sua libertação constituem as condições *gerais*, as únicas nas quais a sociedade moderna pode ser salva e a luta de classes evitada. Tampouco se deve imaginar que os representantes democratas eram todos *shopkeepers* [lojistas] ou os seus defensores entusiásticos. Por sua formação e situação individual, mundos podem estar separando os dois. O que os transforma em representantes do pequeno-burguês é o fato de não conseguirem transpor em suas cabeças os limites que este não consegue ultrapassar na vida real e, em consequência, serem impelidos teoricamente para as mesmas tarefas e soluções para as quais ele é impelido na prática pelo interesse material e pela condição social. Essa é, em termos gerais, a relação entre os *representantes políticos* e *literários* de uma classe e a classe que representam.

Depois dos conflitos havidos, é óbvio que, ao lutar constantemente contra o Partido da Ordem pela república e pelos chamados direitos humanos, a Montanha não tem como fim último nem a república nem os direitos humanos, assim como tampouco um exército, que se quer privar das armas e que procura defender-se, saiu ao campo de batalha com o fim de permanecer em poder das suas próprias armas.

O Partido da Ordem provocou a Montanha logo na primeira sessão da Assembleia Nacional. A burguesia passou a sentir a necessidade de acabar com os pequeno-burgueses democratas, assim como um ano antes haviam compreendido a necessidade de dar um fim no proletariado revolucionário. Só que a situação do atual adversário era diferente. A força do partido proletário estava nas ruas, a dos pequeno-burgueses na própria Assembleia Nacional. Era preciso, portanto, atraí-los para fora da Assembleia Nacional, para as ruas, e fazer com que eles próprios despedaçassem o seu poder parlamentar antes que o tempo e a ocasião pudessem consolidá-lo. A Montanha arremessou-se à rédea solta para dentro da armadilha.

O bombardeio de Roma pelas tropas francesas foi a isca jogada diante dela. Ele violou o artigo 5º da Constituição, que proibia a República francesa de empregar as suas Forças Armadas contra as liberdades de outro povo. Além disso, também o artigo 54 proibia qualquer declaração de guerra por parte do Poder Executivo sem a aprovação da Assembleia Nacional, e a Assembleia Constituinte havia indeferido a expedição a Roma mediante resolução de 8 de maio. Em vista dessas razões, Ledru-Rollin entrou, em 11 de junho de 1849, com uma ação de *impeachment* contra Bonaparte e os seus ministros. Atiçado pelas ferroadas de Thiers, deixou-se levar inclusive à ameaça de pretender sair em defesa da Constituição com todos os meios, inclusive, se fosse preciso, de armas na mão. A Montanha se levantou como se fosse *um só* homem e repetiu esse chamado às armas. No dia 12 de junho, a Assembleia Nacional rejeitou a ação de *impeachment* e a Montanha abandonou o Parlamento. Os acontecimentos do dia 13 de junho são conhecidos: a proclamação feita por uma parte da Montanha, segundo a qual Bonaparte e os seus ministros foram declarados "fora da Constituição"; o cortejo das Guardas Nacionais democráticas pelas ruas, que, desarmadas como estavam, correram para todos os lados ao se defrontarem com as tropas de Changarnier etc. etc. Uma parte da Montanha fugiu para o exterior, outra foi mandada para a Alta Corte em Bourges, e uma regulamentação parlamentar submeteu o resto à supervisão ao estilo de mestre-escola do presidente da Assembleia Nacional[29]. Foi imposto a Paris novamente o estado de sítio e a parcela democrática da sua Guarda Nacional foi dissolvida. Desse modo, foram quebrados a influência da Montanha no Parlamento e o poder dos pequeno-burgueses em Paris.

Em Lyon[30], onde o dia 13 de junho fora o sinal para uma revolta sangrenta dos trabalhadores, e nos cinco departamentos adjacentes, igualmente foi declarado o estado de sítio, que permanece em vigor até este momento.

---

29 No dia 10 de agosto de 1849, a Assembleia Nacional Legislativa aprovou uma lei que entregava à Corte Criminal os "incitadores e cúmplices da conspiração e do atentado do dia 13 de junho". 34 deputados da Montanha, entre eles Alexandre Ledru-Rollin, Félix Pyat e Victor Considérant, perderam os seus mandatos e foram processados ou, quando conseguiram emigrar, condenados na ausência. A maioria da Assembleia Nacional aprovou uma ordem interna que restringia a liberdade de expressão dos deputados e que conferia ao presidente André Dupin o direito de promover exclusões e desconto de diárias.

30 Em Lyon ocorreu, no dia 15 de junho de 1849, um levante armado dos trabalhadores que foi sufocado após oito horas de luta sangrenta.

A parcela mais expressiva da Montanha deixou a sua vanguarda na mão, recusando-se a assinar a sua proclamação. A imprensa desertou, porque somente dois jornais[31] ousaram publicar o *pronunziamento*. Os pequeno-burgueses traíram os seus representantes, porque as Guardas Nacionais não compareceram e, onde apareceram, impediram a construção de barricadas. Os representantes ludibriaram os pequeno-burgueses, porque os supostos afiliados das Forças Armadas não foram vistos em lugar nenhum. Por fim, em vez de conseguir um aporte de forças do proletariado, o partido democrata o havia contagiado com a sua própria debilidade, e, como costuma acontecer no caso de grandes feitos democratas, os líderes tiveram a satisfação de culpar o seu "povo" de deserção, e o povo teve a satisfação de culpar os seus líderes de fraude.

Raramente uma ação foi anunciada tão estrepitosamente quanto a iminente campanha da Montanha, raramente um acontecimento foi trombeteado com maior certeza e com tanta antecedência quanto a vitória inevitável da democracia. Mas é claro: os democratas acreditam no toque das trombetas que fez ruir as muralhas de Jericó*. E toda vez que se deparam com os muros do despotismo, procuram imitar aquele milagre. Se quisesse obter a vitória no Parlamento, a Montanha não deveria ter chamado às armas. Quando ela chamou às armas no Parlamento, não deveria ter se comportado de modo parlamentar nas ruas. Se a demonstração pacífica era séria, foi simplório não prever que ela seria acolhida belicosamente. Se a intenção era a luta armada real, foi uma atitude original depor as armas com que ela deveria ser travada. Porém, as ameaças revolucionárias dos pequeno-burgueses e dos seus representantes democráticos são meras tentativas de intimidação do adversário. Quando entram num beco sem saída, quando se comprometem de tal forma que são obrigados a executar as suas ameaças, fazem-no de uma maneira ambígua que evita, mais do que tudo, lançar mão dos meios para atingir o fim proposto e se agarra

---

31 Trata-se dos jornais *La Réforme* e *La Démocratie Pacifique*, que circulavam em Paris.

* Cf. Antigo Testamento, Livro de Josué, 6:20. (N. T.)

em pretextos para sair derrotada. A estrepitosa *ouverture* que anunciou a batalha se perdeu num resmungo abafado; no momento em que a batalha deveria ter começado, os atores pararam de levar-se *au sérieux* [a sério] e a ação se estatelou no chão, como um balão cheio de ar espetado por uma agulha.

Não há partido que exagere mais os meios de que dispõe, nenhum que se iluda mais levianamente sobre a situação do que o democrata. O fato de um segmento do exército ter votado na Montanha bastou para convencê-la de que o exército inteiro se rebelaria junto com ela. E em que ocasião? Naquela em que, do ponto de vista das tropas, isso não significava nada além de que os revolucionários tomaram o partido dos soldados romanos contra os soldados franceses. Por outro lado, as lembranças do mês de junho de 1848 ainda eram demasiado recentes para que tivessem deixado de existir uma profunda aversão do proletariado à Guarda Nacional e uma efetiva suspeição dos chefes das sociedades secretas contra os chefes democratas. Para compensar essas diferenças era preciso que estivessem em jogo grandes interesses comuns. A violação de um parágrafo abstrato da Constituição não era capaz de gerar esse interesse. Não foram os próprios democratas que afirmaram que a Constituição já havia sido repetidamente violada? Os jornais mais populares não a haviam denunciado como artimanha contrarrevolucionária? Porém, por representar a pequena burguesia, ou seja, uma *classe de transição*, na qual os interesses de duas classes se embotam de uma só vez, o democrata tem a presunção de se encontrar acima de toda e qualquer contradição de classe. Os democratas admitem que o seu confronto é com uma classe privilegiada, mas pensam que eles é que constituem o povo junto com todo o entorno restante da nação, que eles representam o *direito do povo*, que o seu interesse é o *interesse do povo*. Por conseguinte, não teriam necessidade de verificar, na iminência de uma luta, os interesses e posicionamentos das diferentes classes. Não teriam necessidade de sopesar com todo cuidado os seus próprios meios. A única coisa que precisariam fazer era dar o sinal para que o povo se lançasse sobre os *opressores* com todos os seus inesgotáveis recursos. Mas quando, no momento da ação concreta, os seus interesses se revelam desinteressantes e o seu poder se revela impotente, atribuem esse fato ou a sofistas perniciosos que dividem o *povo indivisível* em diversas frentes hostis ou ao exército que estava por demais abestalhado e ofuscado para compreender os fins puros da democracia como a melhor coisa para si mesmo, ou tudo falhou em algum detalhe de execução ou então algum imprevisto pôs a perder essa rodada do jogo. Como quer que seja, o democrata sai da derrota mais vergonhosa tão imaculado quanto era inocente ao nela entrar, agora renovado em sua convicção de que ele deverá triunfar, não de tal modo que ele próprio e o seu partido tenham de renunciar ao seu velho ponto de vista, mas, ao contrário, de tal modo que as condições amadureçam no sentido por ele pretendido.

Por isso, não há necessidade de pintar um quadro demasiado infeliz da Montanha dizimada, desmantelada e humilhada pela nova regulamentação parlamentar. Ao eliminar os seus chefes, o 13 de junho abre espaço, em contrapartida, para capacidades subordinadas que se sentem lisonjeadas com a nova posição. Não sendo mais possível duvidar da sua impotência no Parlamento, ela tinha todo o direito de restringir a sua ação a rompantes de indignação moral e declamações ruidosas. O fato de o Partido da Ordem alegadamente ver neles, como último representante oficial da Revolução, a corporificação de todos os terrores da anarquia, permitia-lhes ser tanto mais superficiais e modestos na realidade. Quanto ao 13 de junho, eles se consolavam com esta formulação profunda: Mas se ousarem atacar o sufrágio universal, aí sim! Aí mostraremos do que somos capazes. *Nous verrons* [veremos].

Quanto aos *montagnards* que haviam se refugiado no exterior, é suficiente comentar aqui que: Ledru-Rollin, por ter conseguido, em menos de duas semanas, arruinar irremediavelmente o poderoso partido que presidia, sentiu-se chamado a compor um governo francês *in partibus*; na distância, a sua figura arrebatada do chão da ação parecia aumentar de tamanho na mesma proporção em que o nível da Revolução baixava e os grandes vultos oficiais da França oficial ficavam cada vez mais ananicados; ele conseguiu assumir a função de pretendente republicano para o ano de 1852; ele enviava cartas circulares periódicas aos valáquios e a outras etnias, nas quais ameaçava os déspotas do continente com os seus feitos e os dos seus aliados. Proudhon estaria mesmo totalmente equivocado ao bradar para esses senhores: "*Vous n'êtes que des blagueurs*" [Nada sois além de fanfarrões]?[32]

No dia 13 de junho, o Partido da Ordem não só fez a Montanha desmoronar, mas conseguiu aprovar a *subordinação da Constituição às decisões majoritárias da Assembleia Nacional*. E foi assim mesmo que ela entendeu a república: a burguesia deveria governar de forma parlamentarista, sem ser limitada, como na monarquia, pelo veto do Poder Executivo ou pela dissolubilidade do Parlamento. Essa foi a *república parlamentarista*, como foi denominada por Thiers. Porém, ao assegurar a sua onipotência dentro do prédio do Parlamento no dia 13 de junho, a burguesia não infligiu ao próprio Parlamento, diante do Poder Executivo e do povo, uma debilidade irremediável, ao expulsar dele o seu segmento mais popular? Ao entregar numerosos deputados sem maiores cerimônias às demandas dos *parketts* [tribunais], ela aboliu a sua própria imunidade parlamentar. A regulamentação humilhante a que sujeitou a Montanha exalta o presidente da República na mesma proporção em que rebaixa cada um dos representantes do povo. Ao estigmatizar a insurreição em defesa da ordem constitucional como ato anárquico, visando à revolução da sociedade, ela proibiu a si própria o apelo à insurreição, caso o Poder Executivo violasse a Constituição no tocante a ela. E, por ironia da história, o mesmo general que bombardeou Roma por incumbência de Bonaparte e assim propiciou o motivo direto para a revolta constitucionalista de 13 de junho, o general *Oudinot*, teve de ser apresentado ao povo, no dia 2 de dezembro de 1851, com súplicas

---

32 Da carta de Proudhon *Aux citoyens Ledru-Rollin, Charles Delescluze, Martin Bernard, et consorts, Rédacteurs du 'Proscripts', à Londres, 20 juillet* [Aos cidadãos Ledru-Rollin, Charles Delescluze, Martin Bernard, e consortes, redatores do 'Proscripts', em Londres, 20 julho]; publicada no jornal *Le Peuple de 1850* (Paris), em julho de 1850.

vãs, pelo Partido da Ordem, como o general da Constituição contra Bonaparte. Outro herói do 13 de junho, *Vieyra*, que da tribuna da Assembleia Nacional colheu louros pelas brutalidades cometidas em sedes de jornais democratas à frente de uma malta da Guarda Nacional pertencente às altas finanças, havia sido iniciado na conspiração de Bonaparte e contribuiu decisivamente para cortar todo o apoio da Guarda Nacional à Assembleia Nacional na hora da sua morte.

O dia 13 de junho teve ainda outro significado. A Montanha quis forçar o *impeachment* de Bonaparte. A sua derrota foi, portanto, uma vitória direta de Bonaparte, um triunfo pessoal contra os seus inimigos democratas. O Partido da Ordem obteve a vitória, Bonaparte apenas teve de creditá-la para si. Foi o que ele fez. No dia 14 de junho, pôde-se ler uma proclamação nos muros de Paris em que o presidente, como que sem a sua participação, reticente, forçado pela impetuosidade dos eventos, ressurge do seu isolamento monástico, queixa-se das calúnias dos seus adversários que menosprezam a sua virtude e, parecendo identificar a sua pessoa com a causa da ordem, identifica, antes, a causa da ordem com a sua pessoa. Ademais, a Assembleia Nacional deferiu *a posteriori* a expedição contra Roma, mas Bonaparte havia tomado a iniciativa para isso. Depois de ter reintroduzido o sumo sacerdote Samuel no Vaticano, ele tinha razões para acreditar que entraria nas Tulherias como rei Davi[33]. Ele havia conquistado os padrecos.

Como vimos, a revolta de 13 de junho se limitou a um cortejo pacífico pelas ruas. Não havia, por conseguinte, louros bélicos a serem ganhos com ela. Não obstante, nessa época pobre em heróis e eventos, o Partido da Ordem transformou essa batalha sem derramamento de sangue numa segunda batalha de Austerlitz[34]. A tribuna e a imprensa enalteceram as Forças Armadas como o poder da ordem

---

[33] Luís Bonaparte esperava receber a coroa imperial francesa das mãos do papa Pio IX. De acordo com a tradição bíblica, o regente judeu Davi havia sido ungido rei pelo profeta Samuel. [Cf. Antigo Testamento, 1 Samuel 16:13. (N. T.)]

[34] A batalha de Austerlitz terminou no dia 2 de dezembro de 1805 com a vitória de Napoleão I sobre as tropas russas e austríacas.

frente às massas populares, que seriam a impotência da anarquia, e Changarnier como o "baluarte da sociedade", uma mistificação a que ele próprio acabou dando crédito. Mas, por baixo dos panos, as corporações militares que se mostraram ambíguas foram deslocadas para fora de Paris, banidas da França para a Argélia, os cérebros inquietos das tropas foram transferidos para unidades penais, e, por fim, implementou-se sistematicamente o bloqueio do acesso da imprensa à caserna e da caserna à sociedade civil.

Chegamos agora à viravolta decisiva na história da Guarda Nacional francesa. Em 1830, ela havia dado a contribuição decisiva para a derrubada da Restauração. Sob Luís Filipe, fracassou toda revolta em que a Guarda Nacional tomou o partido das tropas de linha. Quando ela, nas jornadas de fevereiro de 1848, ficou passiva contra a rebelião e se mostrou ambígua em relação a Luís Filipe, este se sentiu perdido, e de fato estava. Desse modo, arraigou-se a convicção de que a Revolução não poderia sair vitoriosa *sem* a Guarda Nacional nem as Forças Armadas *contra* a Guarda Nacional. Essa foi a crença supersticiosa das Forças Armadas na onipotência civil. As jornadas de junho de 1848, em que toda a Guarda Nacional subjugou a insurreição junto com as tropas de linha, fortaleceram essa superstição. Após o início do governo de Bonaparte, a Guarda Nacional teve a sua posição um tanto minorada pela unificação inconstitucional do seu comando com o comando da primeira divisão militar na pessoa de Changarnier.

Nesse caso, o comando da Guarda Nacional figurava como uma atribuição do comandante em chefe militar, sendo ela própria apenas um apêndice das tropas de linha. No dia 13 de junho, ela acabou sendo desmantelada: não só mediante a sua dissolução parcial, que se repetiu a partir dessa data periodicamente em todos os pontos da França, deixando dela apenas ruínas. A demonstração do 13 de junho foi uma demonstração sobretudo das Guardas Nacionais democratas. É verdade que elas não portaram as suas armas, mas se expuseram diante das Forças Armadas com os seus uniformes, e justamente esse uniforme foi o talismã. As Forças Armadas ficaram convencidas de que esse uniforme era um trapo de algodão como qualquer outro. Ele perdeu o encanto. Nas jornadas de junho de 1848, a burguesia e pequena-burguesia estavam unidas como a Guarda Nacional com as Forças Armadas contra o proletariado; no dia 13 de junho de 1849, a burguesia ordenou que as Forças Armadas dispersassem a Guarda Nacional pequeno-burguesa; no dia 2 de dezembro de 1851, a Guarda Nacional da própria burguesia havia desaparecido, e Bonaparte meramente fez constar esse fato ao assinar posteriormente o decreto da sua dissolução. Desse modo, a própria burguesia quebrou a sua última arma contra as Forças Armadas, arma que ela, no entanto, foi forçada a quebrar no instante em que a pequena-burguesia não mais se postou atrás dela como vassala, mas diante dela como rebelde; aliás, ela foi obrigada a destruir com as próprias mãos todos os seus meios de defesa contra o absolutismo no momento em que ela mesma se tornou absoluta.

O Partido da Ordem, entretanto, celebrou a reconquista de um poder que, em 1848, apenas parecia ter perdido para reencontrá-lo em 1849 livre de todas as restrições, mediante invectivas contra a República e a Constituição, amaldiçoando todas as revoluções futuras, presentes e passadas, incluindo aquelas que os seus próprios líderes haviam protagonizado, e mediante leis que amordaçaram a imprensa, destruíram a associação e regulamentaram o estado de sítio como instituto orgânico. Em seguida, a Assembleia Nacional interpôs um recesso de meados de agosto até meados de outubro, depois de ter nomeado uma Comissão de Permanência para o período da sua ausência[35]. Durante essas férias, os legitimistas intrigaram com Ems e os orleanistas com Claremont, Bonaparte realizou os seus périplos principescos e os conselhos dos departamentos convocaram sessões deliberativas sobre a revisão da Constituição – ocorrências que, nas

---

[35] Segundo o artigo 32 da Constituição da República francesa de 4 de novembro de 1848, antes de cada recesso, a Assembleia Nacional deveria nomear uma comissão permanente composta por 25 deputados eleitos e membros da mesa da Assembleia. Essa comissão tinha poderes para, caso necessário, convocar a Assembleia Nacional. Durante o recesso parlamentar de 1850, fizeram parte dessa comissão 39 pessoas: 25 representantes eleitos, 11 membros da mesa e 3 questores.

férias periódicas da Assembleia Nacional, repetiam-se regularmente e das quais só me disponho a tratar à medida que se transformem em acontecimentos. Só mais um comentário seja feito neste ponto: a Assembleia Nacional agiu de modo apolítico ao sair de cena por intervalos tão longos e permitir que, no topo da República, fosse vista *uma única* figura, ainda que deplorável, a de Luís Bonaparte, enquanto, para escândalo do público, o Partido da Ordem se decompunha nos seus elementos monarquistas e cuidava dos seus desejos de restauração divergentes. Toda vez que, durante esses recessos, cessava o tumulto perturbador do Parlamento e o seu organismo se diluía na nação, evidenciava-se inconfundivelmente que só faltava *uma coisa* para tornar completa a verdadeira feição dessa república: tornar o *seu* recesso permanente e substituir o *seu* epigrama: *liberté, égalité, fraternité,* pelos termos inequívocos: infantaria, cavalaria, artilharia!

IV

Em meados de outubro de 1849, a Assembleia Nacional voltou a reunir-se. No dia 1º de novembro, Bonaparte a surpreendeu com uma mensagem anunciando a destituição do ministério de Barrot-Falloux e a formação de um novo ministério. Jamais se enxotou lacaios do seu serviço com tanta sem-cerimônia quanto Bonaparte fez com os seus ministros. Os pontapés destinados à Assembleia Nacional foram dados preliminarmente em Barrot & Cia.

Como já vimos, o ministério de Barrot era composto por legitimistas e orleanistas, era um ministério do Partido da Ordem. Bonaparte havia necessitado dele para dissolver a Assembleia Constituinte republicana, implementar a expedição contra Roma e desmantelar o partido democrata. Aparentemente ele havia se eclipsado atrás desse ministério, cedido o poder de governo ao Partido da Ordem e posto a máscara do personagem modesto, que sob Luís Filipe era usada pelo gerente responsável pela imprensa jornalística, a máscara do *homme de paille* [homem de palha, testa de ferro, laranja]. Naquele momento, ele estava se livrando de uma máscara que não era mais a anteface leve, atrás da qual ele podia esconder a sua fisionomia, mas a máscara de ferro que o impedia de mostrar uma fisionomia própria. Ele havia instituído o ministério de Barrot para implodir a Assembleia Nacional republicana em nome do Partido da Ordem; ele o destituiu para declarar o seu próprio nome independente da Assembleia Nacional do Partido da Ordem.

Não faltaram pretextos plausíveis para essa destituição. O ministério de Barrot negligenciou até mesmo as formalidades exigidas pelo decoro, que teriam feito o presidente da República figurar como um poder ao lado da Assembleia Nacional. Durante o recesso da Assembleia Nacional, Napoleão publicou uma carta a Edgar Ney, na qual parecia desaprovar a atitude iliberal do papa, assim como já havia publicado uma carta em oposição à Assembleia Constituinte, em que louvou Oudinot pelo ataque à República Romana. Quando a Assembleia Nacional se preparava para votar o orçamento destinado à expedição contra Roma, Victor Hugo trouxe aquela carta à baila por suposto liberalismo. O Partido da Ordem sufocou aquela intervenção com exclamações de desdenhosa incredulidade, como se as ideias de Bonaparte pudessem ter algum peso. Nenhum dos ministros aceitou o desafio por ele. Em outra oportunidade, Barrot deixou escapar da tribuna, com o seu conhecido *páthos* vazio, palavras de indignação contra as "abomináveis maquinações" que, segundo suas declarações, davam-se no entorno mais imediato do presidente. Por fim, enquanto o ministério obtinha da Assembleia Nacional uma pensão por viuvez para a duquesa de Orléans, rejeitava todo requerimento para aumentar a lista civil presidencial. E em Bonaparte o pretendente a imperador se amalgamou de maneira tão íntima com o aventureiro arruinado que aquela única grande ideia de que ele teria sido vocacionado para restaurar o Império era constantemente complementada com esta outra: que o povo francês teria sido vocacionado para pagar as suas dívidas.

O ministério de Barrot-Falloux foi o primeiro e o último *ministério parlamentar* criado por Bonaparte. A sua destituição representou, por conseguinte, uma reviravolta decisiva. Com ela o Partido da Ordem perdeu, para nunca mais reconquistar, um posto indispensável à afirmação do regime parlamentarista, a saber, o controle do Poder Executivo. Compreende-se de imediato que, num país como a França, em que o Poder Executivo dispõe de um exército de funcionários de mais de meio milhão de indivíduos, mantendo constantemente, portanto, uma enorme massa de interesses e existências na mais absoluta dependência, em que o Estado enreda, controla, disciplina, vigia e tutela desde as mais abrangentes manifestações de vida da sociedade civil até os seus movimentos mais insignificantes, desde os seus modos de existência mais universais até a existência privada dos indivíduos, em que esse corpo de parasitas adquire, em virtude da sua extraordinária centralização, um grau de onipresença, de onisciência, de acelerada capacidade de movimento e de reação que só tem analogia na impotente falta de autonomia, na disformidade desordenada do organismo social real, compreende-se que, em um país como esse, a Assembleia Nacional, perdendo o poder sobre os postos ministeriais, daria por perdida qualquer influência real, caso não simplificasse simultaneamente a administração estatal, reduzisse tanto quanto possível o exército de funcionários e, enfim, permitisse à sociedade civil e à opinião pública criar os seus próprios órgãos, independentes do poder governamental. Porém, o *interesse material* da burguesia francesa está entretecido da maneira mais íntima possível justamente com a manutenção dessa máquina estatal extensa e muito capilarizada. É nessa máquina que ela abriga o seu excesso populacional e suplementa na forma de vencimentos estatais o que não consegue amealhar na forma de lucros, juros, rendas e honorários. Em contrapartida, o seu *interesse político* obrigou-a a aumentar diariamente a repressão, ou seja, os recursos e o pessoal do poder estatal, enquanto era forçada a travar simultaneamente uma guerra ininterrupta contra a opinião pública e a desconfiadamente mutilar e paralisar os órgãos autônomos de movimento da sociedade, quando não a amputá-los completamente. Assim sendo, a burguesia francesa foi obrigada por seu enquadramento de classe a, por um lado, destruir as condições de vida de todo e qualquer poder parlamentar, portanto também do seu próprio, e, por outro lado, tornar irresistível o Poder Executivo hostil a ela.

O novo ministério se chamava ministério de Hautpoul. Não se deve pensar que o general Hautpoul tenha recebido o grau de primeiro-ministro. Antes, junto com Barrot, Bonaparte abolira essa honraria que, no entanto, condenava o presidente da República à nulidade legal de rei constitucional, um rei constitucional, na verdade, sem trono nem coroa, sem cetro nem espada, sem irresponsabilidade, sem a posse imprescritível da suprema dignidade estatal e, o que era o mais fatal, sem lista civil. O ministério de Hautpoul tinha apenas um homem de vocação parlamentar, o judeu *Fould*, um dos membros mais infames das altas finanças. Ele foi contemplado com o ministério das Finanças. Consultem-se as cotações da bolsa de Paris e se descobrirá que, a partir de 1º de novembro de 1849, os fundos franceses sobem e caem junto com a subida e queda das ações bonapartistas. Tendo encontrado, assim, o seu afiliado na bolsa, Bonaparte apoderou-se, ao mesmo tempo, da polícia, nomeando Carlier chefe de polícia de Paris.

Entretanto, as consequências da troca de ministros só foram aparecendo no curso do desenvolvimento posterior. Num primeiro momento, Bonaparte havia apenas dado um passo para frente, para ser arremessado de volta de modo tanto mais conspícuo. A sua mensagem indelicada foi seguida da mais servil das declarações de submissão à Assembleia Nacional. Toda vez que os ministros ousavam uma tentativa tímida de apresentar os seus caprichos pessoais como projetos de lei, eles próprios pareciam cumprir contrariados e pela obrigação do cargo as esdrúxulas incumbências recebidas e de cujo insucesso de antemão estavam convencidos. Toda vez que Bonaparte deixava escapar as suas intenções pelas costas dos ministros e brincava com as suas "*idées napoléoniennes*" [ideias napoleônicas][36], os seus próprios ministros o desautorizavam da tribuna da Assembleia Nacional. Os seus desejos de usurpação pareciam ganhar expressão só para que as gargalhadas de regozijo dos seus adversários não silenciassem. Ele se portava como um gênio não reconhecido, que todo mundo tinha na conta de um simplório. Ele nunca gozou de tanto desprezo por parte de todas as classes como durante esse período. O governo da burguesia nunca foi tão absoluto, nunca ela ostentou com tanta prepotência as insígnias da dominação.

Não me cabe aqui escrever a história da sua atividade legislativa, que se resume, nesse período, em duas leis: na lei que restabelece o

---

[36] Cf. nota 22.

imposto do vinho e na *lei de educação*, que abole a descrença. Enquanto, para os franceses, ficou mais difícil beber vinho, foi-lhes servida, em compensação, mais abundantemente a água da verdadeira vida. Enquanto, na lei referente ao imposto do vinho, a burguesia declarou intocável o velho e detestável sistema fiscal francês, mediante a lei de educação, ela procurou assegurar o antigo estado de ânimo das massas que permitia suportá-lo. Fica-se estupefato ao ver os orleanistas, a burguesia liberal, esses vetustos apóstolos do voltairianismo e da filosofia eclética, confiar aos seus tradicionais inimigos, os jesuítas, a administração do espírito francês. Entretanto, orleanistas e legitimistas podiam até divergir em relação ao pretendente à coroa, mas eles compreendiam que o seu governo unido requeria a junção dos meios de opressão de duas épocas, que os meios de subjugação da Monarquia de Julho precisavam ser complementados e reforçados pelos meios de subjugação da restauração.

Os camponeses, vendo frustradas todas as suas esperanças, devido, por um lado, ao baixo preço do cereal e, por outro lado, a estarem mais do que nunca esmagados pela crescente carga tributária e pela dívida hipotecária, começaram a movimentar-se nos *départements*. A resposta a isso foi uma perseguição sem trégua aos mestres-escola a cargo dos clérigos, uma perseguição sem trégua aos administradores locais [*maires*] a cargo dos prefeitos nomeados e um sistema de espionagem ao qual todos estavam expostos. Em Paris e nas grandes cidades, a reação assume a fisionomia da sua época, provocando mais do que batendo. No campo, ela se torna chã, ordinária, mesquinha, estafante, molesta, numa palavra: gendarme. É fácil de compreender o quanto três anos de regime do gendarme, abençoado pelo regime do padreco, devem ter desmoralizado as massas imaturas.

Por maior que tenha sido a soma de fervor e declamação de que o Partido da Ordem se serviu da tribuna da Assembleia Nacional contra a minoria, o seu discurso permaneceu monossilábico como o do cristão, cujas palavras devem ser: sim, sim, não, não![37] Monossilábico na

[37] Cf. Novo Testamento, Mateus 5:37.

tribuna tanto quanto na imprensa. Quase como um enigma, cuja solução se conhece de antemão. Quer se tratasse do direito de petição ou do imposto do vinho, da liberdade de imprensa ou do livre-comércio, de clubes ou da lei orgânica municipal, da proteção da liberdade pessoal ou da regulamentação do orçamento do Estado, a senha sempre se repete, o tema permanece sempre o mesmo, a sentença sempre já está pronta e tem o seguinte teor imutável: *"socialismo!"*. Declara-se como *socialista* o liberalismo burguês, o Iluminismo burguês e até a reforma financeira burguesa. Era considerado um ato socialista construir uma ferrovia onde já havia um canal, e era um ato socialista defender-se com um bastão ao ser atacado com uma espada.

E não se trata aqui de mera forma de falar, de moda, de tática de partido. A burguesia tinha a noção correta de que todas as armas que ela havia forjado contra o feudalismo começavam a ser apontadas contra ela própria, que todos os recursos de formação que ela havia produzido se rebelavam contra a sua própria civilização, que todos os deuses que ela havia criado apostataram dela. Ela compreendeu que todas as assim chamadas liberdades civis e todos os órgãos progressistas atacavam e ameaçavam a sua *dominação classista* a um só tempo na base social e no topo político, ou seja, que haviam se tornado *"socialistas"*. Nessa ameaça e nesse ataque, ela desvendou acertadamente o segredo do socialismo, cujo sentido e tendência ela avaliou com mais justeza do que o próprio assim chamado socialismo é capaz de fazer a seu respeito, o qual, por conseguinte, não consegue entender por que a burguesia se fecha a ele tão obstinadamente, quer ele se lamurie em termos sentimentais dos sofrimentos da humanidade, quer ele proclame em termos cristãos o reino milenar[38] e o amor fraterno universal ou devaneie em termos humanistas sobre espírito, formação e liberdade ou imagine em termos doutrinários um sistema de mediação e de bem-estar de todas as classes. Porém, o que a burguesia não compreendeu foi a consequência de que o seu *próprio regime parlamentarista*, que a sua *dominação política* como tal, e

[38] Cf. nota 8.

agora também em moldes *socialistas*, necessariamente incorreria na sentença condenatória generalizada. Enquanto a dominação da classe burguesa não se organizasse totalmente, enquanto não adquirisse a sua expressão política pura, o antagonismo em relação às demais classes tampouco podia aparecer de forma pura, e, onde aparecesse, não teria como assumir aquela versão perigosa que transforma toda luta contra o poder estatal em luta contra o capital. Vendo em cada manifestação de vida da sociedade uma ameaça à "tranquilidade", como ela poderia querer manter no topo da sociedade o *regime da intranquilidade*, o seu próprio regime, o *regime parlamentarista*, esse regime que, segundo a expressão de um dos seus oradores, vive na luta e pela luta? O regime parlamentarista vive da discussão; então, como poderia proibir a discussão? Cada interesse, cada instituição social é transformada por ele em ideia universal, tratada como ideia; como poderia algum interesse, alguma instituição afirmar-se acima do pensamento e impor-se como artigo de fé? A briga dos oradores na tribuna provoca a briga dos prelos, o clube de debates no Parlamento é necessariamente complementado pelos clubes de debates nos salões e bares, os representantes que constantemente apelam para a opinião popular autorizam-na a expressar a sua real opinião por meio de petições. O regime parlamentarista submete tudo à decisão das maiorias; como poderiam as maiorias que estão além do Parlamento querer não decidir? Se vós que estais no topo do Estado tocais o violino, por acaso não esperais que os que estão lá embaixo dancem?

Assim sendo, ao tachar de heresia "*socialista*" aquilo que antes enaltecera como "*liberal*", a burguesia confessa que o seu próprio interesse demanda que ela seja afastada do perigo de *governar a si própria*; que, para estabelecer a tranquilidade no país, sobretudo o seu Parlamento de burgueses devia ser silenciado; que, para preservar o seu poder social intacto, o seu poder político devia ser desmantelado; que os burgueses privados só poderiam continuar a explorar as demais classes e desfrutar sem percalços a propriedade, a família, a religião e a ordem se a sua classe fosse condenada à mesma nulidade política que todas as demais classes; que, para salvar a sua bolsa, a coroa deveria ser arrancada da sua cabeça e a espada destinada a protegê-la deveria ser pendurada sobre a sua própria cabeça como espada de Dâmocles.

No âmbito dos interesses civis de cunho geral, a Assembleia Nacional se mostrou tão improdutiva que, por exemplo, as tratativas sobre a ferrovia Paris-Avignon, que iniciaram no inverno de 1850, ainda não estavam maduras para decisão em 2 de dezembro de 1851. Quando não oprimia e se portava de modo reacionário, era atingida por incurável improdutividade.

Enquanto em parte tomava a iniciativa para a aprovação de leis no espírito do Partido da Ordem e em parte ainda exagerava o rigor da sua execução e do seu manejo, o ministério de Bonaparte procurou, por outro lado, conquistar popularidade mediante propostas puerilmente simplórias, afirmar a sua oposição à Assembleia Nacional e apontar para uma reserva secreta, cujos tesouros só não eram postos à disposição do povo francês devido às circunstâncias do momento. Nessa linha, ia a proposta de decretar um aumento de quatro *sous* diários no soldo dos suboficiais. Nessa linha, ia a proposta de criar um banco de empréstimo de honra para os trabalhadores. Receber dinheiro presenteado e receber dinheiro emprestado: essa era a perspectiva com que ele esperava engodar as massas. Presentear e emprestar: nisso se resumia a ciência financeira do lumpemproletariado, tanto do nobre quanto do ordinário. Nisso se resumiam as molas propulsoras que Bonaparte tão bem soube pôr em movimento. Nunca um pretendente apostou tão superficialmente na superficialidade das massas.

A Assembleia Nacional repetidas vezes enfureceu-se com essas tentativas inconfundíveis de angariar popularidade às suas custas, com o perigo crescente de que esse aventureiro, açoitado por dívidas e sem as rédeas de qualquer reputação, tentasse um golpe desesperado. A dissonância entre o Partido da Ordem e o presidente já havia assumido um caráter ameaçador, quando um acontecimento inesperado levou este, arrependido, de volta aos braços daquele. Referimos-nos às *eleições complementares de 10 de março de 1850*. Essas eleições foram realizadas para preencher novamente os cargos de representantes que haviam ficado vagos após o 13 de junho em decorrência de prisão ou exílio dos seus ocupantes. Paris elegeu somente candidatos social-democratas. A cidade até concentrou a maioria dos votos num dos insurgentes de junho de 1848, em De Flotte. Desse modo, a pequena-burguesia parisiense aliada ao proletariado vingou-se da sua derrota em 13 de junho de 1849. Pareceu que ela desaparecera do campo de batalha no momento do perigo somente para reaparecer em momento oportuno com contingentes ainda mais maciços e um grito de guerra mais ousado. Uma circunstância pareceu aumentar o perigo dessa vitória eleitoral. As Forças Armadas votaram a favor do insurgente de junho contra La Hitte, um ministro de Bonaparte, e, nos *départements*, elas votaram em grande parte a favor dos *montagnards*, que confirmaram a supremacia sobre os seus adversários também nesse nível, embora não tão categoricamente quanto em Paris.

De repente, Bonaparte se viu novamente confrontado com a Revolução. Como no dia 29 de janeiro de 1849 e no dia 13 de junho de 1849, também no dia 10 de março de 1850 ele desapareceu atrás do Partido da Ordem. Ele curvou-se, desculpou-se medrosamente, prontificou-se a nomear qualquer ministério por ordem da maioria parlamentar, ele até suplicou aos chefes dos partidos orleanistas e legitimistas, aos Thiers, Berryer, Broglie, Molé, em suma, aos assim chamados burgraves, que tomassem o leme do Estado nas suas próprias mãos. O Partido da Ordem não soube aproveitar esse momento irrevogável. Em vez de apossar-se ousadamente do poder que lhe foi oferecido, ele nem mesmo obrigou Bonaparte a reempossar o ministério destituído no dia 1º de novembro; ele se contentou com humilhá-lo mediante o pedido de perdão e com agregar ao ministério de Hautpoul o senhor *Baroche*. Esse Baroche, na qualidade de promotor público, havia descarregado a sua fúria diante das Cortes Criminais de Bourges[39], primeiro contra os revolucionários do dia

[39] O processo de Bourges ocorreu de 7 de março a 2 de abril de 1849 contra vinte participantes das ações revolucionárias de 15 de maio de 1848 (cf. nota 9). Dez acusados receberam pesadas sentenças condenatórias, Louis-Auguste Blanqui foi condenado a dez anos de solitária, os demais foram deportados para sempre ou por longo tempo.

15 de maio, depois contra os democratas do dia 13 de junho, ambas as vezes por atentado à Assembleia Nacional. Mais tarde, nenhum dos ministros de Bonaparte contribuiu mais do que ele para aviltar a Assembleia Nacional, e, depois do dia 2 de dezembro de 1851, encontramo-lo novamente no cargo bem dotado e muito bem pago de vice-presidente do Senado. Ele havia cuspido dentro da sopa dos revolucionários para que Bonaparte a bebesse.

O Partido Social-Democrata, por sua vez, parecia estar unicamente atrás de pretextos para voltar a colocar a sua vitória em dúvida e quebrar-lhe a ponta. Vidal, um dos recém-eleitos representantes parisienses, havia sido eleito simultaneamente em Estrasburgo. Ele foi persuadido a recusar a eleição para Paris e aceitar a eleição para Estrasburgo. Portanto, em vez de dar à sua vitória nos locais de votação um caráter definitivo e, desse modo, obrigar o Partido da Ordem a contestá-lo imediatamente no Parlamento, ou seja, em vez de forçar o adversário à luta no momento do entusiasmo popular e da disposição favorável das Forças Armadas, o partido democrata estafou Paris durante os meses de março e abril com uma nova agitação eleitoral, fez com que as paixões populares em polvorosa se desgastassem nesse renovado jogo provisório de votos, com que a energia revolucionária se saciasse com êxitos constitucionais e se queimasse em intrigas menores, declamações vazias e movimentos ilusórios, com que a burguesia se reunisse e fizesse os seus preparativos e, por fim, com que a importância das eleições de março sofresse um comentário sentimentalmente atenuador nas eleições complementares de abril, com a eleição de Eugène Sue. Em suma: ela fez do 10 de março um 1º de abril.

A maioria parlamentar captou a debilidade do seu adversário. Os seus dezessete burgraves, nas mãos dos quais Bonaparte havia posto a liderança e a responsabilidade do ataque, elaboraram uma nova lei eleitoral, cujo pré-projeto foi confiado ao senhor Faucher, que solicitou essa honra para si. No dia 8 de maio, ele deu entrada na lei pela qual o sufrágio universal foi abolido, um domicílio de três anos no local da votação foi imposto como condição aos eleitores e, por último, a comprovação desse domicílio ficava sujeita, no caso dos trabalhadores, a um atestado a ser emitido por seus empregadores.

Na mesma medida em que os democratas se exaltaram e vociferaram em termos revolucionários durante a campanha eleitoral constitucional, eles passaram a pregar em termos constitucionais; quando teria sido preciso comprovar com as armas na mão a seriedade daquelas vitórias eleitorais, eles passaram a pregar ordem, calma majestosa (*calme majestueux*), postura legal, isto é, submissão cega à vontade da contrarrevolução, que se disseminava em forma de lei. Durante o debate, a Montanha fez o Partido da Ordem passar vergonha, fazendo valer contra o ardor revolucionário deste a postura impassível do pequeno-burguês que ocupa e defende o espaço legal, e derrubando-o com a terrível acusação de que ele estaria agindo revolucionariamente. Inclusive os recém-eleitos deputados se esforçaram por demonstrar, com intervenções comportadas e ponderadas, o equívoco que havia sido tachá-los de anarquistas e interpretar a sua eleição como vitória da Revolução. No dia 31 de maio, a nova lei eleitoral foi aprovada. A Montanha contentou-se com enfiar dissimuladamente um protesto no bolso do presidente. À lei eleitoral seguiu-se uma nova lei de imprensa, que suprimiu totalmente a imprensa jornalística revolucionária. Ela havia merecido esse destino. Depois desse dilúvio, restaram o *National* e *La Presse,* dois órgãos burgueses, como os postos mais avançados da Revolução.

Vimos como os líderes democratas tudo fizeram, durante os meses de março e abril, para envolver a população de Paris numa luta fictícia e como, depois do dia 8 de maio, tudo fizeram para demovê-la da luta real. Ademais, não devemos esquecer que 1850 foi um dos anos mais esplêndidos de prosperidade industrial e comercial, ou seja, o proletariado parisiense estava totalmente ocupado. Contudo, a lei eleitoral de 31 de maio de 1850 excluiu-o de toda e qualquer participação no poder político. Ela lhe cortou o acesso ao próprio campo de batalha, relegando os trabalhadores à condição de párias que haviam assumido antes da Revolução de Fevereiro. Ao se deixarem conduzir pelos democratas frente a um acontecimento como esse e ao esquecerem o seu interesse revolucionário por força de uma sensação momentânea de bem-estar, eles renunciaram à honra de ser um poder conquistador, submeteram-se à sua sina, comprovaram que a derrota de junho de 1848 os havia incapacitado para a luta por muitos anos e que o processo histórico, num primeiro momento, necessariamente voltaria a desenrolar-se *por cima das* suas cabeças. A democracia pequeno-burguesa, que no dia 13 de junho havia bradado "Mas se ousarem atacar o sufrágio universal, aí sim!", passou a consolar-se dizendo que o golpe contrarrevolucionário que a havia atingido não era golpe e que a lei de 31 de maio não era lei. No segundo [domingo do mês] de maio de 1852, todo francês apareceria no local de votação tendo numa das mãos a cédula de votação e na outra a espada. Com essa profecia ela se deu por satisfeita. As Forças Armadas, por fim, foram punidas pelos seus superiores devido às eleições de março e abril de 1850, como tinham sido pelas de 29 de maio de 1849. Dessa vez, porém, elas prometeram resolutamente a si próprias: "A Revolução não nos enganará uma terceira vez".

A lei de 31 de maio de 1850 foi o *coup d'état* da burguesia. Todas as conquistas obtidas até aquele momento contra a Revolução haviam tido um caráter apenas provisório. Elas foram postas em xeque assim que a Assembleia Nacional daquele período saiu de cena. Elas dependiam do acaso de novas eleições gerais, e a história das eleições desde 1848 demonstrou de modo irrefutável que, na mesma proporção em que o domínio de fato da burguesia crescia, reduzia-se o seu domínio moral sobre as massas populares. No dia 10 de março, o sufrágio universal se declarou frontalmente contrário ao domínio da burguesia; esta respondeu com a proscrição do sufrágio universal. A lei de 31 de maio foi, portanto, um dos atos necessários na luta de classes. Em contrapartida, a Constituição requeria um mínimo de 2 milhões de votos para que a eleição do presidente da República fosse válida. Caso nenhum dos candidatos à presidência recebesse esse mínimo, a Assembleia Nacional deveria eleger o presidente dentre os três candidatos que obtivessem o maior número de votos. Na época em que a Assembleia Constituinte aprovou essa lei, havia 10 milhões de eleitores inscritos nas listas de votação. Do seu ponto de vista, portanto, um quinto dos eleitores com direito a voto era suficiente para validar a eleição presidencial. A lei de 31 maio riscou pelo menos 3 milhões de votantes das listas eleitorais, reduzindo, assim, o número de eleitores com direito a voto para 7 milhões e, não obstante, mantendo o mínimo legal de 2 milhões para as eleições presidenciais. Ela elevou, portanto, o mínimo legal de um quinto para quase um terço dos votos válidos, isto é, ela fez de tudo para tirar clandestinamente a eleição presidencial das mãos do povo e entregá-la nas mãos da Assembleia Nacional. Pelo visto, o Partido da Ordem consolidou duplamente o seu domínio por meio da lei eleitoral de 31 de maio, a saber, entregando aos cuidados do setor estacionário da sociedade a eleição tanto da Assembleia Nacional quanto do presidente da República.

V

Assim que a crise revolucionária foi superada e o sufrágio universal abolido, voltou a irromper a luta entre a Assembleia Nacional e Bonaparte.

A Constituição havia estipulado os vencimentos de Bonaparte em 600 mil francos. Mal se passara um semestre desde a sua instalação no cargo, ele já conseguira dobrar esse valor, pois Odilon Barrot havia arrancado da Assembleia Nacional Constituinte um adicional anual de 600 mil francos a título das chamadas verbas de representação. Depois do dia 13 de junho, Bonaparte fizera solicitação semelhante, mas naquela oportunidade Barrot não lhe deu ouvidos. Agora, depois do dia 31 de maio, ele aproveitou imediatamente o momento propício e fez com que os seus ministros requeressem uma lista civil de 3 milhões na Assembleia Nacional. Uma longa vida de vagabundagem aventureira dotara-o de tentáculos extremamente sofisticados para detectar os momentos de fraqueza em que poderia extorquir dinheiro dos seus burgueses. Ele praticava verdadeira *chantage* [chantagem]. A Assembleia Nacional havia violado a soberania popular com a sua colaboração e cumplicidade. Ele ameaçou denunciar o crime da Assembleia ao tribunal popular caso esta não abrisse o bolso e comprasse o seu silêncio com 3 milhões anuais. Ela havia privado 3 milhões de franceses do direito de votar. Ele exigiu um franco circulante para cada francês tirado de circulação, exatamente 3 milhões de francos. Ele, o eleito de 6 milhões, reclamou a indenização pelos votos de que posteriormente fora defraudado. A Comissão da Assembleia Nacional repeliu o seu atrevimento. A imprensa bonapartista proferiu ameaças.

Mas a Assembleia Nacional poderia mesmo romper com o presidente da República no momento em que havia rompido radical e definitivamente com a massa da sua nação? Ela acabou rejeitando a lista civil anual, mas deferiu uma subvenção única de 2.160.000 de francos. Agindo assim, incorreu numa dupla fraqueza: deferir o dinheiro e, ao mesmo tempo, mostrar com a sua irritação que só o estava deferindo a contragosto. Mais tarde, veremos para que Bonaparte precisava do dinheiro. Depois desse desagradável poslúdio, que ocorreu imediatamente após a revogação do sufrágio universal e durante o qual Bonaparte trocou a postura humilde que assumira durante a crise de março e abril pelo descaramento de desafiar o Parlamento usurpador, a Assembleia Nacional entrou em recesso por três meses, de 11 de agosto a 11 de novembro. Deixou no seu lugar uma Comissão de Permanência composta por 28 membros, dentre os quais nenhum era bonapartista, mas alguns eram republicanos moderados. A Comissão de Permanência do ano de 1849 incluíra apenas homens do Partido da Ordem e bonapartistas. Naquela ocasião, porém, o Partido da Ordem se declarou permanentemente contrário à Revolução. Dessa vez, a república parlamentarista se declarou permanentemente contrária ao presidente. Depois da lei de 31 de maio, restara ao Partido da Ordem só mais o confronto com esse rival.

Pelo visto, quando a Assembleia Nacional voltou a se reunir, em novembro de 1850, em lugar das escaramuças mesquinhas havidas até ali com o presidente, um grande combate implacável, um combate de vida ou morte, entre os dois poderes havia se tornado incontornável.

Assim como no ano de 1849, durante as férias parlamentares desse ano [1850], o Partido da Ordem havia se dispersado nas suas facções isoladas, cada uma delas ocupada com as suas próprias intrigas restauradoras, que haviam recebido novo alento com a morte de Luís Filipe. O rei legitimista Henrique V chegara a nomear um ministério formal que residia em Paris e no qual tinham assento membros da Comissão de Permanência. Bonaparte estava, portanto, autorizado a promover, por seu turno, périplos pelos *départements* franceses e, dependendo do clima em que se encontrava a cidade por ele agraciada com a sua presença, alardear, ora de modo mais dissimulado, ora de modo mais aberto, os seus próprios planos de restauração e buscar votos para si mesmo. Nessas incursões, que o grande *Moniteur* oficial e os pequenos *moniteurs* privados de Bonaparte naturalmente festejavam como cortejos triunfais, ele era permanentemente acompanhado pelos afiliados à *Sociedade 10 de Dezembro*. Essa sociedade data do ano de 1849. Sob o pretexto da instituição de uma sociedade beneficente, o lumpemproletariado parisiense foi organizado em seções secretas, sendo cada uma delas liderada por um agente bonapartista e tendo no topo um general bonapartista[40]. *Roués* [rufiões] decadentes com meios de subsistência duvidosos e de origem duvidosa, rebentos arruinados e aventurescos da burguesia eram ladeados por vagabundos, soldados exonerados, ex-presidiários, escravos fugidos das galeras, gatunos, trapaceiros, *lazzaroni* [lazarones], batedores de carteira, prestidigitadores, jogadores, *maquereaux* [cafetões], donos de bordel, carregadores, literatos, tocadores de realejo, trapeiros, amoladores de tesouras, funileiros, mendigos, em suma, toda essa massa indefinida, desestruturada e jogada de um lado para outro, que os franceses denominam *la bohème* [a boemia]; com esses elementos, que lhe eram afins, Bonaparte formou a base da Sociedade 10 de Dezembro. Era "sociedade beneficente" na medida em que todos os seus membros, a exemplo de Bonaparte, sentiam a necessidade de beneficiar-se à custa da nação trabalhadora. Esse Bonaparte se constitui como *chefe do lumpemproletariado*, porque é nele que identifica maciçamente os interesses que persegue pessoalmente, reconhecendo, nessa escória, nesse dejeto, nesse refugo de todas as classes, a única classe na qual pode se apoiar incondicionalmente; esse é o verdadeiro Bonaparte, o Bonaparte *sans phrase* [sem retoques]. Como velho e esperto *roué*, ele concebe a existência histórica dos povos e as suas grandes ações oficiais como comédia no sentido mais ordinário possível, como uma mascarada em que os belos figurinos, as palavras e os gestos grandiloquentes apenas servem para encobrir a mais reles safadeza. Foi o que aconteceu na expedi-

[40] Trata-se de Jean-Pierre Piat.

ção a Estrasburgo, na qual um abutre suíço amestrado representou o papel da águia napoleônica. No seu ataque a Bolonha, ele vestiu com o uniforme francês alguns lacaios londrinos, que representaram o papel das Forças Armadas[41]. Na sua Sociedade 10 de Dezembro, ele reuniu 10 mil lumpens que deveriam representar o povo do mesmo modo que Klaus Zettel representou o leão*. No momento em que a própria burguesia passou a encenar a mais completa comédia, ainda que com insuperável seriedade, sem violar nenhuma das condições pedantes da etiqueta dramática francesa, ela própria meio iludida e meio convencida do caráter solene das suas grandes ações oficiais, teria de triunfar o aventureiro que encarava essa ação como pura comédia. Somente depois de ter eliminado o seu solene adversário, somente depois que ele próprio começou a levar a sério o seu papel imperial e, colocando a máscara napoleônica, imaginou estar representando o verdadeiro Napoleão, tornou-se vítima da sua própria cosmovisão, o palhaço sério, que deixa de tomar a história universal como comédia e passa a ver a sua comédia como história universal. O que os Ateliês Nacionais[42] representaram para os trabalhadores socialistas, o que as *Gardes mobiles*[43] representaram para os burgueses republicanos, foi para Bonaparte a Sociedade 10 de Dezembro, a força armada partidária

---

41 Marx alude a dois golpes de Estado frustrados desferidos por Luís Bonaparte nos dias 30 de outubro de 1836 em Estrasburgo e 6 de agosto de 1840 em Bolonha.

* Referência a William Shakespeare, *Sonho de uma noite de verão*, ato I, cena 2, em que o personagem Snug [Klaus Zettel, na versão alemã] deverá representar o papel do leão, mas rugindo de tal modo que não assuste ninguém. (N. T.)

42 A formação dos Ateliês Nacionais foi decretada no dia 27 de fevereiro de 1848 pelo Governo Provisório. Tratou-se de uma espécie instituto público, organizado ao estilo militar, de apoio a trabalhadores desempregados em Paris e cidades vizinhas sem especificação de profissão. Como remuneração, os trabalhadores recebiam vale-pão e ordenado. Depois da derrota da Insurreição de Junho, os Ateliês Nacionais foram desativados pelo governo de Cavaignac.

43 A formação de uma Guarda Móvel foi decidida no dia 25 de fevereiro de 1848 pelo Governo Provisório. As determinações de implementação, emitidas dois dias depois, estabeleceram que ela seria composta por 24 batalhões de 1.058 homens cada. Grandes parcelas da Guarda Móvel, que era recrutada principalmente dentre o lumpemproletariado parisiense, deixaram-se manipular contra os trabalhadores revolucionários durante a Insurreição de Junho de 1848, auxiliando os reacionários a esmagar essa revolta.

típica dele. Nas suas viagens, destacamentos dessa força, em vagões ferroviários abarrotados, tinham de improvisar-lhe público, exibir o entusiasmo público, berrar *vive l'Empereur* [viva o imperador], insultar e espancar os republicanos, contando obviamente com a proteção da polícia. Nas suas viagens de retorno a Paris, ela devia compor a vanguarda, antecipar-se a demonstrações contrárias ou dispersá-las. A Sociedade 10 de Dezembro lhe pertencia, era obra *sua*, era ideia exclusivamente sua. Tudo o mais de que se apropria lhe é entregue pela força da conjuntura, tudo o mais que ele faz é efetuado para ele pela correlação dos fatos ou ele se contenta em copiar os feitos dos outros; mas os seus discursos oficiais sobre ordem, religião, família e propriedade, proferidos publicamente diante dos cidadãos, tendo respaldado pela sociedade secreta dos Schufterles e Spiegelbergs*, a sociedade da desordem, da prostituição e da roubalheira: isto é Bonaparte em pessoa como autor original e a história da Sociedade 10 de Dezembro é a sua própria história. Ora, ocorreu que, acidentalmente, representantes populares pertencentes ao Partido da Ordem acabaram debaixo dos porretes dos decembristas. E não só isso. O comissário de polícia Yon, destacado para a Assembleia Nacional, encarregado de zelar pela segurança, denunciou à Comissão de Permanência, baseado na declaração de um certo Allais, que uma fração dos decembristas decidira assassinar o general Changarnier e Dupin, o presidente da Assembleia Nacional, e que já teria destacado os indivíduos para executar a decisão. O susto que levou o senhor Dupin é bem compreensível. Uma *enquête* [inquérito] parlamentar sobre a Sociedade 10 de Dezembro, isto é, a profanação do mundo secreto de Bonaparte, parecia inevitável. Imediatamente antes da reunião da Assembleia Nacional, Bonaparte dissolveu preventivamente a sua sociedade; é claro que só no papel, pois, ainda no final de 1851, o diretor da polícia Carlier, em um extenso *memoire* [memorando], tenta em vão levá-lo a de fato dispersar os decembristas.

---

* Personagens libertinos e bandidos da peça *Die Räuber* [Os ladrões], de Friedrich von Schiller. (N. T.)

A Sociedade 10 de Dezembro permaneceria como exército privado de Bonaparte até ter logrado transformar o exército público numa Sociedade 10 de Dezembro. A primeira tentativa nesse sentido foi feita por Bonaparte pouco depois do início do recesso da Assembleia Nacional, mais especificamente com o dinheiro que havia extorquido dela. Sendo fatalista, ele pautava a sua vida pela convicção de que há certos poderes superiores aos quais o ser humano, e especialmente o soldado, não consegue resistir. Entre esses poderes estão, acima de tudo, os charutos e o champanhe, a carne de aves fria e o salsichão ao alho. Por conseguinte, nos aposentos do Eliseu, ele tratou primeiro os oficiais e suboficiais com charutos e champanhe, com carne de aves fria e salsichão ao alho. No dia 3 de outubro, ele repetiu essa manobra com a massa das tropas durante a *revue* [revista de tropas] de Saint-Maur e, no dia 10 de outubro, a mesma manobra numa escala ainda maior durante a parada das Forças Armadas em Satory. O tio fazia memória das campanhas militares de Alexandre na Ásia, o sobrinho, das expedições de conquista de Baco na mesma região. Alexandre, todavia, era um semideus, ao passo que Baco era um deus e, ademais, a divindade protetora da Sociedade 10 de Dezembro.

Depois da *revue* de 3 de outubro, a Comissão de Permanência intimou o ministro da Guerra Hautpoul. Ele prometeu que aquelas irregularidades disciplinares não se repetiriam. É sabido como Bonaparte manteve a palavra de Hautpoul no dia 10 de outubro. Foi Changarnier quem comandou ambas as paradas na qualidade de comandante em chefe do exército de Paris. Ele, que ao mesmo tempo era membro da Comissão de Permanência, chefe da Guarda Nacional, "Salvador" do 19 de janeiro e do 13 de junho, "baluarte da sociedade", candidato do Partido da Ordem às honras presidenciais, o Monk* pressagiado de duas monarquias, até aquele momento jamais reconhecera a sua subordinação ao ministro da Guerra, sempre zombara

---

* Referência ao general inglês George Monk ou Monck (1608-70), duque de Albemarle, que lutou sob Cromwell contra escoceses e holandeses e que, em 1660, reergueu a dinastia dos Stuart com o auxílio das tropas sob o seu comando. (N. T.)

publicamente da instituição republicana e dispensara a Bonaparte uma proteção ambiguamente polida. Naquele momento, ele passou a se mostrar zeloso pela disciplina contra o ministro da Guerra e pela Constituição contra Bonaparte. Enquanto no dia 10 de outubro uma parte da cavalaria bradou "*Vive Napoléon! Vivent les saucissons!*" [Viva Napoleão! Vivam os salsichões!], Changarnier tomou providências para que, ao menos a infantaria que desfilou sob o comando do seu amigo Neumayer, mantivesse um silêncio gélido. A título de punição, o ministro da Guerra, instigado por Bonaparte, destituiu Neumayer do seu posto em Paris sob o pretexto de nomeá-lo general de exército da 14ª e 15ª divisões militares. Neumayer recusou essa troca de posto e, em consequência, teve de aceitar a sua dispensa. Changarnier, por seu turno, tornou público, no dia 2 de novembro, uma ordem do dia, proibindo que as tropas tomassem a liberdade de fazer saudações ou demonstrações políticas de qualquer tipo quando em serviço. Os jornais do Eliseu atacaram Changarnier, os do Partido da Ordem atacaram Bonaparte, a Comissão de Permanência reeditou sessões secretas em que houve solicitações reiteradas para que a pátria fosse declarada em perigo, pois o exército parecia dividido em dois quartéis hostis com dois estados-maiores hostis, um locado no Eliseu, onde residia Bonaparte, o outro nas Tulherias, onde residia Changarnier. Pelo visto, só faltava ainda a sessão da Assembleia Nacional para que soasse o sinal de batalha. O público francês julgava esses atritos entre Bonaparte e Changarnier nos mesmos termos daquele jornalista inglês: "As criadas políticas da França varrem com as suas vassouras velhas a lava candente da Revolução e se esculacham mutuamente enquanto fazem o seu serviço".

Nesse meio-tempo, Bonaparte se apressou em destituir o seu ministro da Guerra Hautpoul, despachá-lo a toda pressa para Argel e nomear para esse posto o general Schramm. No dia 12 de novembro, ele enviou à Assembleia Nacional uma mensagem de prolixidade norte-americana, repleta de detalhes, rescendendo a ordem, ávida por reconciliação, constitucionalmente resignada, tratando de tudo e de cada coisa, menos das *questions brûlantes* [questões candentes] do momento. Como que de passagem, deixou escapar que, de acordo com as disposições expressas da Constituição, só o presidente poderia dispor do exército. A mensagem finalizava com as seguintes palavras altamente asseveradoras:

> *Agora a França pede acima de tudo tranquilidade.* [...] *Preso unicamente a um juramento, ater-me-ei aos estreitos limites que ele traçou para mim.* [...] No que me diz respeito, tendo sido eleito pelo povo e devendo meu poder unicamente a ele, submeter-me-ei constantemente à sua vontade expressa em lei. Se decidirdes nessa sessão pela revisão da Constituição, uma Assembleia Constituinte regulamentará a posição a ser ocupada pelo Poder Executivo. Caso contrário, o povo proclamará solenemente em 1852 a sua decisão. Porém, quaisquer que sejam as soluções para o futuro, procuremos chegar a um entendimento, para que jamais a paixão, a surpresa ou a violência decidam o destino de uma grande nação. [...] Não estou preocupado em saber quem governará a França em 1852, mas, antes de tudo, em utilizar o tempo de que disponho de tal maneira que o período até lá transcorra sem agitação nem perturbação. Abri o meu coração a vós com sinceridade e estou certo de que retribuireis minha franqueza com vossa confiança, meu empenho positivo com vossa colaboração, e que Deus fará o resto.[44]

Essa linguagem *honnête* [polida, correta], hipocritamente moderada, virtuosamente trivial da burguesia revela o seu sentido mais profundo na boca do autocrata da Sociedade 10 de Dezembro e do herói dos piqueniques de Saint-Maur e Satory.

Os burgraves do Partido da Ordem[45] não se iludiram nem por um instante a respeito da confiança que merecia essa efusão cordial. No que se refere a juramentos, há muito estavam bem calejados, pois entre eles havia veteranos, virtuoses do perjúrio político, que não passaram por alto a passagem que fazia alusão ao exército.

---

[44] A "Message du Président de la République, le 12 novembre 1850" foi publicada no *Le Moniteur Universel* (Paris), no dia 13 de novembro de 1850.

[45] Marx tem em mente aqui uma comissão composta por dezessete deputados orleanistas e legitimistas da Assembleia Legislativa, que por disposição do ministro do Interior de 1º de maio de 1850 foi incumbida de elaborar o projeto de uma nova lei eleitoral.

Perceberam com irritação que, ao fazer uma verbosa enumeração das leis recentemente aprovadas, a mensagem omitiu, com um silêncio bem calculado, a lei principal, a lei eleitoral, e, em vez disso, entregava a eleição do presidente em 1852, em caso de não revisão da Constituição, aos cuidados do povo. A lei eleitoral era a bola de chumbo acorrentada aos pés do Partido da Ordem que dificultava a sua capacidade de andar e, nessa hora, também a de atacar! Além disso, mediante a dissolução oficial da Sociedade 10 de Dezembro e a destituição do ministro da Guerra Hautpoul, Bonaparte sacrificara os bodes expiatórios com as próprias mãos sobre o altar da pátria. Retirara da iminente colisão o seu momento mais brisante. Por fim, o próprio Partido da Ordem procurou temerosamente contornar, mitigar e escamotear todo e qualquer conflito com o Poder Executivo. Por medo de perder as conquistas obtidas contra a Revolução, deixou os seus rivais colherem os frutos delas. "A França pede acima de tudo tranquilidade": o que o Partido da Ordem gritara desde fevereiro para a Revolução, a mensagem de Bonaparte gritou para o Partido da Ordem. "A França pede acima de tudo tranquilidade." Bonaparte encetou manobras que visavam à usurpação, e o Partido da Ordem cometia "inquietação" quando soava o alarme em relação a essas manobras, explicando-as de modo hipocondríaco. Os salsichões de Satory ficariam bem quietinhos enquanto ninguém falasse deles. "A França pede acima de tudo tranquilidade." Bonaparte exigia, portanto, que o deixassem agir sem ser perturbado, e o partido parlamentarista ficou paralisado pelo medo em dose dupla: de conjurar novamente a inquietação revolucionária e de dar a impressão, aos olhos da sua própria classe, aos olhos da burguesia, de ser ele próprio o promotor da inquietação. Portanto, como a França queria, acima de tudo, tranquilidade, o Partido da Ordem não ousou responder "guerra" à "paz" proposta por Bonaparte em sua mensagem. O público, que especulara com grandes cenas de escândalo na reabertura dos trabalhos da Assembleia Nacional, viu frustradas as suas expectativas. Os deputados da oposição que pediram a apresentação dos protocolos da Comissão de Permanência sobre os acontecimentos de outubro foram derrotados pelo voto da maioria. Evitavam-se por princípio os debates que poderiam acirrar os ânimos. Os trabalhos da Assembleia Nacional durante os meses de novembro e outubro de 1850 não despertaram nenhum interesse.

Por fim, em torno do final de dezembro, tiveram início as ações de guerrilha por prerrogativas individuais do Parlamento. O movimento desandou em chicanas mesquinhas em torno da prerrogativa dos dois poderes a partir do momento em que a burguesia dirimira, por enquanto, a luta de classes mediante a supressão do sufrágio universal.

Uma sentença judicial havia sido obtida contra Mauguin, um dos representantes populares, por dívida. Consultado pelo presidente do tribunal, o ministro da Justiça Rouher declarou que deveria ser emitida sem mais delongas a ordem de prisão contra o devedor. Mauguin foi, portanto, jogado na torre que funcionava como cárcere de devedores. A Assembleia Nacional se exasperou quando tomou conhecimento do atentado. Ela não só ordenou a sua libertação imediata, mas também fez com que o seu *greffier* [secretário-geral do Conselho de Estado] o tirasse na mesma noite, à força, de Clichy[46]. Contudo, para preservar a sua crença na santidade da propriedade privada e já com a segunda intenção de, caso necessário, inaugurar um asilo para *montagnards* que haviam se tornado incômodos, ela declarou legal a prisão por dívida dos representantes populares, devendo ser obtida previamente a permissão da Assembleia. Ela esqueceu de decretar que também o presidente poderia ser encarcerado por dívida. Ela destruiu a última aura de imunidade que envolvia os membros do seu próprio corpo.

Lembramos que o comissário de polícia Yon denunciara, com base nas declarações de um certo Allais, uma facção dos decembristas de planejar o assassinato de Dupin e Changarnier. Logo na primeira sessão, os questores apresentaram em relação a esse tema a proposta de formar uma polícia parlamentar própria, remunerada com verba

---

[46] Cf. nota 15.

própria da Assembleia Nacional e completamente independente do diretor de polícia. O ministro do Interior, Baroche, protestou contra essa intromissão no seu *ressort* [domínio, alçada]. Em vista disso, chegou-se a um compromisso espúrio pelo qual o comissário de polícia da Assembleia seria remunerado com verba dela própria e poderia ser investido e destituído por seus questores, mas com a anuência prévia do ministro do Interior. Entrementes esse Allais havia sido processado pelo governo, tendo sido coisa fácil apresentar a sua declaração como uma mistificação e, por boca do promotor público, fazer Dupin, Changarnier, Yon e toda a Assembleia Nacional parecerem ridículos. E, então, no dia 29 de dezembro, o ministro Baroche escreveu uma carta a Dupin em que ele pede a destituição de Yon. A mesa da Assembleia Nacional decidiu manter Yon no seu cargo, mas a Assembleia Nacional, assustada com a medida violenta aplicada no caso Mauguin e habituada a receber dois golpes em troca de um que ousara desferir no Poder Executivo, não sancionou essa decisão. Ela destituiu Yon como recompensa por seu zelo no cargo e se privou de uma prerrogativa parlamentar indispensável contra alguém que não decide à noite para executar durante o dia, mas que decide durante o dia e executa à noite.

Vimos como a Assembleia Nacional contornou e abafou, durante os meses de novembro e dezembro, a briga com o Poder Executivo em oportunidades de importância decisiva. Em seguida, vimos como ela foi forçada a topar a briga nas questões mais mesquinhas possíveis. Na questão referente a Mauguin, ela corroborou em princípio a prisão por dívida dos representantes populares, mas reserva a si o direito de permitir a sua aplicação apenas aos representantes que não lhe convêm, disputando esse privilégio infame com o ministro da Justiça. Em vez de usar o suposto plano de assassinato para decretar uma *enquête* [inquérito] sobre a Sociedade 10 de Dezembro e desmascarar irremediavelmente diante da França e da Europa a verdadeira face de Bonaparte como o líder do lumpemproletariado parisiense, ela deixa o choque descer a um nível tal que só resta definir, entre ela e o ministro do Interior, de quem é a competência para designar e destituir um comissário de polícia. Assim, durante todo esse período, vemos o Partido da Ordem, em virtude da sua postura ambígua, consumir-se e esfarelar-se, no conflito com o Poder Executivo, em rixas mesquinhas para definir competências, em chicanas, rabulices e querelas sobre limites, e transformar as questões mais banais de forma em conteúdo da sua atividade. Ele não ousa enfrentar o choque no momento em que este era de importância fundamental, em que o Poder Executivo realmente se expusera e a causa da Assembleia Nacional seria a causa nacional. Se tivesse feito isso, teria emitido à nação uma ordem para pôr-se em marcha, mas não havia nada que ele temesse mais do que isto: que a nação se pusesse em movimento. Por conseguinte, nessas oportunidades, ele optou por rejeitar os deslocamentos da Montanha e passar para a ordem do dia. Assim, depois que a controvérsia fora abandonada em suas dimensões maiores, o Poder Executivo pôde aguardar calmamente o momento de retomá-la em ocasiões ridiculamente insignificantes, que despertam apenas, por assim dizer, um interesse parlamentar local. Então, a raiva contida do Partido da Ordem explodiu, ele arrancou a cortina dos bastidores, denunciou o presidente e declarou a república em perigo, mas então o seu *páthos* também pareceu banal e o motivo do conflito, um pretexto hipócrita ou inteiramente indigno de qualquer luta. A tormenta parlamentar se transformou em tempestade num copo d'água, a luta, em intriga, a colisão, em escândalo. Enquanto as classes revolucionárias se deliciavam com a humilhação sofrida pela Assembleia Nacional, pois o entusiasmo daquelas pelas prerrogativas parlamentares desta era tão grande quanto o entusiasmo da Assembleia pelas liberdades civis, a burguesia fora do Parlamento não conseguiu compreender como é que a burguesia dentro do Parlamento podia desperdiçar o seu tempo com querelas tão miúdas e arriscar a tranquilidade nacional por causa de rivalidades tão espúrias com o presidente. Ela ficou confusa com a estratégia de selar a paz no momento em que todo mundo esperava batalhas e de atacar no momento em que todo mundo acreditava que a paz estivesse selada.

No dia 20 de dezembro, Pascal Duprat interpela o ministro do Interior sobre a loteria das barras de ouro. Essa loteria era "filha do Eliseu"[47]; Bonaparte a trouxera ao mundo junto com os seus leais associados, e o diretor da polícia Carlier a tomara sob a sua proteção oficial, embora a lei francesa proibisse todas as loterias com exceção do sorteio com fins beneficentes. Sete milhões de bilhetes, cada bilhete valendo um franco, e o lucro supostamente destinado a transportar vagabundos parisienses para a Califórnia. Por um lado, sonhos dourados deveriam tomar o lugar dos sonhos socialistas do proletariado parisiense, a perspectiva sedutora de tirar a sorte grande deveria substituir o direito doutrinário ao trabalho. Os trabalhadores parisienses obviamente não reconheceram no brilho das barras de ouro californianas os francos sem brilho que foram fisgados dos seus bolsos. A questão central, porém, era esta: tratava-se de uma fraude pura e simples. Os vagabundos que queriam explorar minas de ouro californianas sem se dar o trabalho de sair de Paris eram o próprio Bonaparte e a sua távola-redonda corroída por dívidas. Os 3 milhões concedidos pela Assembleia Nacional já haviam sido dissipados e a caixa precisava ser reabastecida de qualquer maneira. Bonaparte abrira em vão uma subscrição nacional para edificar as assim chamadas *cités ouvrièrs* [cidades operárias], encabeçada por ele próprio com uma soma considerável. Os empedernidos burgueses aguardaram desconfiados que ele pagasse a sua cota, mas como isso naturalmente não aconteceu, a especulação com os castelos de vento socialistas veio abaixo. As barras de ouro funcionaram melhor. Bonaparte e os seus companheiros não se contentaram com embolsar parte do excedente dos 7 milhões de bilhetes em relação às barras a serem entregues como prêmio; fabricaram bilhetes falsos, emitiram dez, quinze e até vinte bilhetes com o mesmo número, numa operação financeira bem dentro do espírito da Sociedade 10 de Dezembro. Nesse caso, a Assembleia Nacional não estava se defrontando com

---

[47] Fragmento de "Ode à alegria", de Friedrich von Schiller, aqui em alusão ao Palácio do Eliseu, residência de Luís Bonaparte.

o presidente da República fictício, mas com o Bonaparte em carne e osso. Foi aí que ela teve a chance de flagrá-lo em conflito não com a Constituição, mas com o *Code pénal* [Código Penal]. O fato de ela ter passado à ordem do dia depois da interpelação de Duprat não se deu só porque a moção de Girardin para que ela se declarasse *"satisfait"* [satisfeita] trouxe à memória do Partido da Ordem a sua própria corrupção sistemática. O burguês, e sobretudo o burguês que se arvora a estadista, complementa a sua vilania prática com uma certa copiosidade teórica. Na condição de estadista, ele se torna, como o poder estatal com que se defronta, um ser superior, que só pode ser combatido de uma forma superior e consagrada.

Bonaparte, que justamente como boêmio, como lumpemproletário principesco, tinha em relação aos burgueses acanalhados a vantagem de poder travar a luta de modo infame, viu chegada a hora de partir da aparente defensiva para a ofensiva, depois que a Assembleia o havia guiado com as próprias mãos pelo chão escorregadio dos banquetes militares, das revistas de tropas, da Sociedade 10 de Dezembro e, por fim, do *Code pénal*. Pouco lhe importavam as pequenas derrotas do ministro da Justiça, do ministro da Guerra, do ministro da Marinha e do ministro das Finanças, sofridas naquele meio-tempo, com que a Assembleia Nacional expressava o seu agastado descontentamento[48]. Ele não só impedia que os ministros renunciassem e assim reconhecessem a submissão do Poder Executivo ao Parlamento, mas também viu a possibilidade de terminar aquilo que começara durante o recesso da Assembleia Nacional, a saber, arrancar o poder militar das mãos do Parlamento, ou seja, *destituir Changarnier*.

Um jornal do Eliseu[49] publicou, durante o mês de maio, uma ordem do dia supostamente dirigida à primeira divisão militar, ou seja, partindo de Changarnier, em que os oficiais receberam instruções para, em caso de rebelião, não concederem *quartier* [guarida, perdão]

---

[48] Trata-se do ministro da Justiça Eugène Rouher, do ministro da Guerra Jean-Paul Adam Schramm, do ministro da Marinha Romain-Joseph Desfossés e do ministro das Finanças Achille Fould.

[49] Trata-se do jornal *La Patrie* (Paris) de 2 de janeiro de 1851.

aos traidores nas suas próprias fileiras, fuzilá-los imediatamente e negar à Assembleia Nacional as tropas caso as requisitasse. No dia 3 de janeiro 1851, o gabinete foi interpelado a respeito dessa ordem do dia. Ele pediu primeiro um prazo de três meses, depois de uma semana e, por fim, de apenas vinte e quatro horas para investigar o incidente. A Assembleia insistiu no esclarecimento imediato. Changarnier se levantou e declarou que essa ordem do dia jamais existiu. Acrescentou ainda que sempre seria diligente no cumprimento das determinações da Assembleia Nacional e que, no caso de haver algum choque, esta poderia contar com ele. Ela recebeu a sua declaração com um aplauso indescritível e concedeu-lhe por decreto um voto de confiança. Ela abdicou, decretou a sua própria impotência e a onipotência das Forças Armadas, ao colocar-se sob a proteção privada de um general; entretanto, o general se iludiu ao colocar à disposição dela contra Bonaparte um poder que ele só detinha como feudo do próprio Bonaparte; ele se iludiu ao esperar, por sua vez, proteção desse Parlamento, do seu protegido tão necessitado de proteção. Changarnier, no entanto, acreditou nesse poder misterioso com que a burguesia o dotou desde 29 de janeiro 1849. Ele se considerou o terceiro poder ao lado dos dois outros poderes do Estado. Ele compartilhou o destino dos demais heróis, ou melhor, santos dessa época, cuja grandeza consistiu justamente no juízo elevado e interesseiro com que o seu partido os contemplava, e que se desmancharam em meras figuras cotidianas assim que as circunstâncias exigiram que fizessem milagres. A descrença em geral é a inimiga mortal desses supostos heróis e verdadeiros santos. Isso explica a sua indignação moral e honrada para com os piadistas e zombadores desprovidos de entusiasmo.

Na mesma noite, os ministros foram convocados ao Eliseu, Bonaparte insistiu na deposição de Changarnier, cinco ministros se negaram a assiná-la, o *Moniteur* anunciou uma crise ministerial e a imprensa da ordem ameaçou com a formação de um exército parlamentar sob o comando de Changarnier. O Partido da Ordem possuía a autorização constitucional para dar esse passo. Só o que ele precisava fazer era nomear Changarnier como presidente da Assembleia Nacional e requisitar uma quantidade qualquer de tropas para a sua segurança. Ele podia fazer isso com toda segurança porque Changarnier ainda estava realmente à frente das Forças Armadas e da Guarda Nacional parisiense e estava só esperando ser requisitado junto com o exército. A imprensa bonapartista nem mesmo ousou questionar o direito da Assembleia Nacional de requisitar diretamente as tropas, um escrúpulo jurídico que, na situação dada, não tinha qualquer perspectiva de êxito. É bem provável que as Forças Armadas tivessem obedecido à Assembleia Nacional, ponderando que Bonaparte teve de procurar por oito dias em toda Paris para finalmente encontrar dois generais – Baraguay d'Hilliers e Saint-Jean d'Angely – que se declararam dispostos a assinar a deposição de Changarnier. É mais do que duvidoso que o Partido da Ordem tivesse encontrado em suas próprias fileiras e no Parlamento o número de votos necessário para tomar tal resolução, ponderando que, oito dias depois, 286 votos se desligaram dele e que a Montanha rejeitou uma proposta similar ainda em dezembro 1851, na última rodada da decisão. No entanto, talvez os burgraves ainda conseguissem mover a massa do seu partido para um ato de heroísmo que consistia em sentir-se seguro atrás de uma floresta de baionetas e aceitar os serviços de um exército que havia desertado para os seus quartéis. Em vez disso, os senhores burgraves compareceram, na noite de 6 de janeiro ao Eliseu para demover Bonaparte da deposição de Changarnier, usando para isso formulações e ponderações inspiradas pela prudência política. Reconhece-se como senhor da situação aquele a quem se procura persuadir. Bonaparte, sentindo-se seguro em vista dessa iniciativa [dos burgraves], nomeia, no dia 12 de janeiro, um novo ministério, no qual permanecem os líderes do antigo, Fould e Baroche. Saint-Jean d'Angely se torna ministro da Guerra; o *Moniteur* estampa o decreto de deposição de Changarnier, o seu comando é dividido entre Baraguay d'Hilliers, que recebe a primeira divisão militar, e Perrot, que recebe a Guarda Nacional. O baluarte da sociedade foi demitido e, como isso não causou nenhuma reação imprevista, as ações da bolsa registraram alta.

Ao repelir as Forças Armadas que se colocavam à sua disposição na pessoa de Changarnier e, desse modo, colocá-las irrevogavelmente sob a responsabilidade do presidente, o Partido da Ordem deu a entender que a burguesia perdera a vocação para dominar. Já não havia mais ministério parlamentar. Ao perder ademais o controle das Forças Armadas e da Guarda Nacional, que forças ainda lhe restavam para reafirmar simultaneamente o poder parlamentar usurpado do povo e o seu poder constitucional contra o presidente? Nenhuma. Restou-lhe apenas o apelo a princípios não violentos, que ele próprio sempre havia interpretado como regras gerais que se prescrevem a terceiros para obter maior liberdade de movimentos. Com a deposição de Changarnier e a subordinação do poder militar a Bonaparte, finaliza-se a primeira parte do período que estamos analisando, o período da luta entre o Partido da Ordem e o Poder Executivo. A guerra entre os dois poderes foi declarada abertamente, é travada abertamente, mas isso ocorreu só no momento em que o Partido da Ordem perdera armas e soldados. Sem ministério, sem exército, sem povo, sem opinião pública, deixando de ser a representação da nação soberana desde a lei eleitoral de 31 de maio, sem olhos, sem ouvidos, sem dentes, sem nada, a Assembleia Nacional se transformara aos poucos em um *Parlamento francês antigo*[50], que era forçado a deixar a ação a cargo do governo e a contentar-se com protestos resmungados *post festum*.

O Partido da Ordem recebeu o novo ministério com uma trovoada de indignação. O general Bedeau, porém, chamou à memória a complacência da Comissão de Permanência durante as férias e a consideração exagerada que tivera ao renunciar à publicação dos seus protocolos. O próprio ministro do Interior passou a insistir então na publicação desses protocolos, que naquele momento já haviam se tornado tão insípidos como água parada, não revelaram nenhum fato

[50] Os Parlamentos franceses antigos constituíram, a partir da Idade Média, as instâncias jurídicas máximas na França. Todavia, o Parlamento não possuía poder de fato, porque era a presença pessoal do rei nas sessões que tornava obrigatório o registro das leis. Os Parlamentos foram dissolvidos em 1790 durante a Revolução Francesa.

novo e não surtiram o menor efeito no público entediado. Acatando proposta de Rémusat, a Assembleia Nacional se recolhe aos seus gabinetes e nomeia um "Comitê para Medidas Extraordinárias". Isso não tirou Paris dos trilhos da sua rotina cotidiana, até porque nesse momento o comércio prosperava, as manufaturas estavam em funcionamento, o preço do cereal era baixo, havia abundância de gêneros alimentícios, as cadernetas de poupança recebiam diariamente novos depósitos. As "medidas extraordinárias", anunciadas pelo Parlamento com tanto estardalhaço, desmancharam-se, no dia 18 de janeiro, num voto de desconfiança em relação aos ministros, sem que o general Changarnier fosse sequer mencionado. O Partido da Ordem foi forçado a aceitar essa formulação do seu voto para garantir os votos dos republicanos, já que, de todas as medidas tomadas pelo ministério, a única que estes aprovavam era a da deposição de Changarnier, ao passo que o Partido da Ordem não pôde de fato censurar as demais ações ministeriais, por ele próprio ditadas.

A decisão a favor do voto de desconfiança de 18 de janeiro foi tomada por 415 votos contra 286 votos. Ele só conseguiu passar, portanto, por força de uma *coalizão* entre os legitimistas e orleanistas resolutos, os puros republicanos e a Montanha. A votação demonstrou, portanto, que o Partido da Ordem não perdera só o ministério e o exército, mas, nos conflitos com Bonaparte, também a sua maioria parlamentar autônoma, que uma trupe de representantes havia desertado do seu quartel, por conta do fanatismo mediador, do medo da luta, do desgaste, de escrúpulos familiares em vista de vencimentos consanguíneos, de especulação, de postos ministeriais vacantes (Odilon Barrot), do puro egoísmo que faz com que o burguês comum sempre esteja inclinado a sacrificar o interesse geral da sua classe em favor deste ou daquele motivo privado. Os representantes bonapartistas de antemão só fizeram parte do Partido da Ordem na luta contra a Revolução. Já naquela época, o chefe do partido católico, Montalembert, depositou a sua influência no prato da balança que pendia para Bonaparte, já que ele duvidava da capacidade de sobrevivência do partido parlamentarista. Os líderes deste partido, Thiers e Berryer, o orleanista e o legitimista, acabaram sendo obrigados a proclamar-se abertamente como republicanos, a confessar que o seu coração era monarquista, mas que a sua cabeça pensava em termos republicanos, que a república parlamentarista seria a única forma possível de domínio de toda a burguesia. Eles se viram obrigados, portanto, a qualificar, perante a própria classe burguesa, como intriga tão perigosa quanto insensata os planos de restauração, que eles continuavam a costurar infatigavelmente pelas costas do Parlamento.

O voto de desconfiança de 18 de janeiro atingiu os ministros e não o presidente. Porém, não fora o ministério, mas o presidente quem depusera Changarnier. O Partido da Ordem deveria, então, promover o *impeachment* do próprio Bonaparte? Por causa dos seus anseios de restauração? Estes eram apenas complemento dos seus próprios. Por causa da sua conspiração nas revistas de tropa e da Sociedade 10 de Dezembro? Esses temas já haviam sido sepultados por eles embaixo de simples ordens do dia. Por causa da deposição do herói do 29 de janeiro e do 13 de junho, do homem que, em maio de 1850, ameaçou pôr fogo nos quatro cantos de Paris caso ocorresse uma revolta? Os seus aliados da Montanha e Cavaignac não lhes permitiram nem mesmo escorar o baluarte caído da sociedade por meio de uma manifestação oficial de condolências. Eles próprios não tinham como negar ao presidente a competência constitucional para depor um general. Eles apenas esbravejaram porque ele fazia um uso não parlamentar dos seus direitos constitucionais. Mas eles não haviam continuamente feito um uso não constitucional de suas prerrogativas parlamentares, principalmente ao suprimirem o sufrágio universal? Eles precisavam, portanto, mover-se estritamente dentro dos limites parlamentares. Mas, para isso, era preciso ter aquela doença peculiar que, a partir de 1848, grassou no continente, a saber, o *cretinismo parlamentar*, que prende os infectados dentro de um mundo imaginário e os priva de todo o senso, de toda a memória, de todo o entendimento para a crueza do mundo exterior. Esse cretinismo parlamentar se manifestou quando eles, que haviam destruído com as próprias mãos – e foram obrigados a destruir na luta contra as demais classes – todas as condições que possibilitavam o poder parlamentar, ainda consideravam as suas vitórias parlamentares como vitórias e pensavam estar atingindo o presidente enquanto batiam nos seus ministros. Eles só lhe deram oportunidade para humilhar uma vez mais a Assembleia Nacional aos olhos da nação. No dia 20 de janeiro, o *Moniteur* comunicou que a demissão de todo o ministério havia sido aceita. Alegando que nenhum partido parlamentar possuía mais a maioria, como teria comprovado o voto de 18 de janeiro, esse fruto da coalizão entre a Montanha e os monarquistas, e para aguardar a formação de uma nova maioria, Bonaparte nomeou um assim chamado ministério de transição, no qual não havia nenhum membro do Parlamento, composto só por indivíduos totalmente desconhecidos e insignificantes, um ministério de meros assistentes e secretários. A intenção era fazer o Partido da Ordem se esfalfar jogando contra essas marionetes; o Poder Executivo considerava que não valia mais a pena estar seriamente representado na Assembleia Nacional. Bonaparte passou a concentrar todo o Poder Executivo na sua pessoa de uma forma bem mais visível, sendo o espaço de manobra de que dispunha para explorá-lo em função dos seus propósitos tanto maior quanto mais os seus ministros atuavam como meros figurantes.

O Partido da Ordem coligado com a Montanha vingou-se, rejeitando o projeto de dotação presidencial de 1,8 milhão francos, a cuja apresentação o cabeça da Sociedade 10 de Dezembro havia forçado os seus assistentes ministeriais. Dessa vez, a decisão foi tomada por uma maioria de apenas 102 votos; desde 18 de janeiro houvera, portanto, uma dissidência de mais 27 votos e a dissolução do Partido da Ordem avançava. Para que não pairasse a menor sombra de dúvida sobre o sentido da sua coalizão com a Montanha, ele simultaneamente sequer se dignou a considerar uma moção assinada por 189 membros da Montanha, propondo anistia geral para todos os criminosos políticos. Porém, bastou o ministro do Interior, um certo Vaïsse, declarar que a tranquilidade seria apenas aparente, que veladamente reinaria grande agitação, que secretamente estariam se organizando sociedades onipresentes, que os jornais democratas estariam em vias de voltar a circular, que os relatórios vindos dos *départements* não soavam nada bem, que os fugitivos de Genebra estariam liderando uma conspiração por todo o sul da França, passando por Lyon, que a França estaria à beira de uma crise industrial e comercial, que os donos de fábrica de Roubaix teriam reduzido a jornada de trabalho, que os presos da Belle-Île[51] teriam se rebelado –, bastou apenas que esse tal Vaïsse conjurasse o espectro vermelho para que o Partido da Ordem rejeitasse, sem discussão, uma moção que teria conquistado para a Assembleia Nacional enorme popularidade e trazido Bonaparte de volta aos seus braços. Em vez de deixar-se intimidar pelo Poder Executivo com a perspectiva de novas agitações, ela deveria ter dado uma pequena chance à luta de classes, para colocar o Executivo na dependência dela. Ela, porém, não se sentiu à altura do desafio de brincar com fogo.

Entrementes, o assim chamado ministério de transição continuou a vegetar até meados de abril. Bonaparte cansava a Assembleia Nacional e divertia-se à custa dela, fazendo constantes mudanças de combinações ministeriais. Ora ele parecia querer compor um ministério republicano com Lamartine e Billault, ora um ministério parlamentarista com o indefectível Odilon Barrot, cujo nome jamais pode faltar quando um *dupe* [ingênuo, simplório] se faz necessário, ora um ministério legitimista com Vatimesnil e Benoist d'Azy, ora um ministério orleanista com Maleville. Enquanto ele mantinha dessa maneira a tensão entre as diferentes facções do Partido da Ordem, angustiando todos eles com a perspectiva de um ministério republicano e a inevitável restauração do sufrágio universal daí decorrente, ele produz concomitantemente na burguesia a convicção de que os seus esforços sinceros em prol da formação de um ministério parlamentar esbarram na irreconciliabilidade das facções monarquistas. A burguesia, no entanto, clamava cada vez mais alto por um "governo forte" e achava imperdoável deixar a França "sem administração",

---

51 A ilha francesa de Belle-Île-en-Mer, situada em frente à costa sul da Bretanha, serviu de cárcere para presos políticos de 1849 a 1857.

tanto mais porque parecia avizinhar-se uma crise comercial geral, fazendo nas cidades a mesma propaganda para o socialismo que o preço ruinosamente baixo do cereal fazia no campo. O comércio enfraquecia dia a dia, as mãos desocupadas se multiplicavam a olhos vistos, em Paris havia pelo menos 10 mil trabalhadores sem sustento, em Rouen, Mühlhausen, Lyon, Roubaix, Tourcoing, Saint Étienne, Elbeuf etc. inúmeras fábricas estavam paradas. Diante dessas circunstâncias, Bonaparte pôde ousar, no dia 11 de abril, a restauração do ministério de 18 de janeiro. Os senhores Rouher, Fould, Baroche etc., reforçados pelo senhor Léon Faucher, a quem a Assembleia Constituinte, nos seus últimos dias, havia contemplado por unanimidade – excetuando os votos de cinco ministros – com um voto de desconfiança por ter difundido despachos telegráficos falsos. Portanto, no dia 18 de janeiro, a Assembleia Nacional obtivera uma vitória contra o ministério, lutara contra Bonaparte durante três meses, para que, no dia 11 de abril, Fould e Baroche acolhessem o puritano Faucher como terceira pessoa na sua aliança ministerial.

Em novembro de 1849, Bonaparte havia se contentado com um ministério *não parlamentar*, em janeiro de 1851, com um ministério *extraparlamentar*, no dia 11 de abril, ele se sentiu suficientemente forte para compor um ministério *antiparlamentar*, que unificava harmonicamente em si mesmo os votos de desconfiança das duas Assembleias, da Assembleia Constituinte e da Assembleia Legislativa, da assembleia republicana e da assembleia monarquista. Essa escalada de ministérios constituiu o termômetro com que o Parlamento podia medir a redução do seu próprio calor vital. Este havia chegado a um ponto tão baixo no final de abril, que Persigny recomendou a Changarnier, num encontro pessoal, que passasse para o lado do presidente. Ele lhe assegurou que Bonaparte encarava a influência da Assembleia Nacional como totalmente aniquilada, e que já estaria pronta a proclamação a ser publicada após o *coup d'état* sempre pretendido, mas casualmente mais uma vez adiado. Changarnier repassou aos líderes do Partido da Ordem a nota de falecimento, mas quem acredita que picada de percevejo mata? E o

Parlamento, de tão abatido, de tão descomposto, de tão mortalmente corrompido que estava, não conseguiu ver no duelo com o grotesco chefe da Sociedade 10 de Dezembro nada além do duelo com um percevejo. Bonaparte, porém, respondeu ao Partido da Ordem como Aguesilau respondera ao rei Aguis: *"A teus olhos pareço uma formiga, mas um dia serei leão"*[52].

[52] Marx se refere a uma história contada no livro *Deipnosofistai* [Banquete dos sofistas], do autor grego Ateneu, em que Aguesilau esclarece ao seu aliado, o faraó Tacho, que uma pequena estatura e grandes resultados não se excluem necessariamente.

VI

A coalizão com a Montanha e os republicanos puros, à qual o Partido da Ordem se vira condenado nos seus vãos esforços para permanecer no controle das forças militares e reconquistar a liderança suprema do Poder Executivo demonstrara irrefutavelmente que ele havia perdido a *maioria parlamentar* autônoma. A simples força do calendário, o ponteiro das horas, sinalizou, no dia 28 de maio, a sua dissolução completa. No dia 28 de maio, teve início o último ano da Assembleia Nacional. Ela teve de decidir-se pela continuidade inalterada ou pela revisão da Constituição. Porém, revisão da Constituição não queria dizer somente domínio da burguesia ou governo da democracia pequeno-burguesa, democracia ou anarquia proletária, república parlamentarista ou Bonaparte, queria dizer também Orléans ou Bourbon! Assim sendo, o pomo da discórdia caiu bem no meio do Parlamento e nele se inflamaria abertamente a resistência dos interesses que desagregavam o Partido da Ordem em facções hostis. O Partido da Ordem era uma liga de substâncias sociais heterogêneas. A questão da revisão produziu uma temperatura política tão alta que o produto novamente se decompôs nos seus elementos originais.

O interesse dos bonapartistas pela revisão era simples. Decisiva para eles era sobretudo a supressão do artigo 45, que impedia a reeleição de Bonaparte e a prorrogação do seu mandato. Não menos simples parecia a posição dos republicanos. Eles eram terminantemente contra qualquer revisão, pois viam nela uma conspiração generalizada contra a República. Como dispunham de *mais de um quarto dos votos* na Assembleia Nacional e como a Constituição prescrevia três quartos dos votos para tomar legalmente a decisão favorável à revisão e à convocação de uma Assembleia de revisão, só o que eles precisaram fazer foi contar os seus votos para estar seguros da vitória. E eles estavam seguros da vitória.

Frente a esses posicionamentos claros, o Partido da Ordem estava enredado em contradições inextricáveis. Se rejeitasse a revisão, colocaria o *status quo* em perigo, deixando uma única saída a Bonaparte, a da violência, abandonando a França à anarquia revolucionária no segundo [domingo do mês] de maio de 1852, no momento da decisão, com um presidente que havia perdido a sua autoridade, com um Parlamento que há muito já não tinha nenhuma e com um povo que pensava em reconquistá-la. Se votasse a favor da revisão constitucionalmente prevista, sabia que votaria em vão e que fatalmente falharia constitucionalmente no veto dos republicanos. Se declarasse inconstitucionalmente a maioria simples dos votos como válida, só poderia ter alguma esperança de dominar a revolução submetendo-se incondicionalmente à tutela do Poder Executivo, dando a Bonaparte o mando sobre a Constituição, sobre a revisão e sobre si mesmo. Uma revisão apenas parcial, que prorrogasse o mandato do presidente, abriria caminho para a usurpação imperialista. A ideia de uma revisão geral, que abreviasse a existência da república, provocaria um conflito inevitável entre as pretensões dinásticas, pois as condições para uma restauração bourbonista e as condições para uma restauração orleanista não só eram distintas, mas também se excluíam mutuamente.

A república parlamentarista era mais do que o terreno neutro em que as duas facções da burguesia francesa, os legitimistas e orleanistas, latifúndio e indústria, podiam conviver sob o mesmo teto com os mesmos direitos. Era a condição incontornável da sua dominação *conjunta*, a única forma de Estado em que o interesse geral da sua classe podia submeter a si, ao mesmo tempo, as demandas das suas facções em particular e todas as demais classes da sociedade. Sendo monarquistas, recaíram no seu antigo antagonismo, na luta pela supremacia da grande propriedade ou do dinheiro, e a expressão máxima desse antagonismo, sua personificação, eram os próprios reis e as suas dinastias. Daí a resistência do Partido da Ordem *a chamar os Bourbon de volta*.

O orleanista e representante popular Creton havia apresentado periodicamente em 1849, 1850 e 1851 a moção para anular o decreto de banimento das famílias reais. Com a mesma periodicidade, o Parlamento brindou o público com o espetáculo de uma assembleia de monarquistas que obstinadamente cerrou ao seu rei banido as portas pelas quais poderia retornar à pátria. Ricardo III assassinara Henrique VI dizendo que ele seria bom demais para estar neste mundo e que o seu lugar era o céu[53]. Os monarquistas declararam que a França seria um lugar ruim demais para ter os seus reis de volta. Forçados pelas circunstâncias, haviam se tornado republicanos e repetidas vezes sancionaram o referendo popular que expulsou os seus reis da França.

A revisão da Constituição – e as circunstâncias exigiam que ela fosse tomada em consideração – pôs em xeque também o domínio conjunto das duas facções burguesas concomitantemente com a república e, dada a possibilidade da monarquia, ressuscitou a rivalidade de interesses que elas haviam representado alternada e preferencialmente, a luta pela supremacia de uma facção sobre a outra. Os diplomatas do Partido da Ordem acreditaram poder conciliar a luta mediante uma união das duas dinastias, por meio de uma assim chamada *fusão* dos partidos monarquistas e das suas casas reais. A verdadeira fusão da restauração com a Monarquia de Julho era a república parlamentarista, na qual foram apagadas as cores orleanistas e legitimistas, e as distintas espécies de burgueses se dissolveram no burguês puro e simples, no gênero "burguês". Porém, naquele momento, o orleanista deveria tornar-se legitimista, o legitimista, orleanista. O reinado, que personificou o seu antagonismo, deveria corporificar a sua unidade, a expressão dos interesses exclusivos das suas facções deveria tornar-se a expressão dos interesses comuns da sua classe, a monarquia deveria produzir aquilo que somente a aniquilação de duas monarquias, a república, podia realizar e já realizara. Essa foi a pedra filosofal com

---

53 Cf. William Shakespeare, *Rei Ricardo III*, ato I, cena 2.

cuja confecção os doutores do Partido da Ordem quebraram as suas cabeças. Como se a monarquia legítima algum dia pudesse vir a ser a monarquia dos burgueses industriais ou o reinado burguês algum dia pudesse vir a ser o reinado da aristocracia rural hereditária. Como se propriedade de terra e indústria pudessem se irmanar sob *uma só* coroa, quando a coroa só pode ser depositada sobre uma cabeça, sobre a cabeça do irmão mais velho ou do mais novo. Como se a indústria pudesse de alguma forma assemelhar-se à propriedade fundiária, enquanto esta não se decidir por tornar-se industrial. Se Henrique V morresse amanhã, nem por isso o conde de Paris se tornaria rei dos legitimistas, a não ser que ele deixasse de ser o rei dos orleanistas. Os filósofos da fusão, contudo, que se disseminavam à medida que a questão da revisão passava para o primeiro plano, que criaram para si mesmos um órgão diário de cunho oficial chamado *Assemblée nationale*, que inclusive voltaram à ativa agora (fevereiro de 1852), explicaram toda a dificuldade do tema a partir da renitência e da rivalidade das duas dinastias. As tentativas de reconciliar a família Orléans com Henrique V, que haviam começado logo após a morte de Luís Filipe, mas que, como qualquer intriga dinástica, ocorriam só durante os períodos de recesso da Assembleia Nacional, sendo encenadas nos entreatos, nos bastidores, mais a título de flerte sentimental com a antiga superstição do que como coisa séria, passaram a figurar como importantes ações oficiais do Estado, sendo encenadas pelo Partido da Ordem no cenário público, em vez de no teatro de amadores, como ocorrera até ali. Os emissários corriam de Paris a Veneza, de Veneza a Claremont, de Claremont a Paris. O conde de Chambord lança um manifesto em que anuncia, "com o auxílio de todos os membros da sua família", não a sua restauração, mas a restauração "nacional". O orleanista Salvandy prostra-se aos pés de Henrique V. Os chefes dos legitimistas Berryer, Benoist d'Azy e Saint-Priest peregrinam até Claremont, para convencer os Orléans; porém, foi tudo em vão. Os fusionistas perceberam tarde demais que os interesses das duas facções burguesas nada perdiam em exclusividade nem ganhavam em flexibilidade, antes se exacerbam na forma de interesses de famílias, de interesses de duas casas reais. Se Henrique V tivesse reconhecido o conde de Paris como sucessor – o único êxito que, na melhor das hipóteses, a fusão poderia ter alcançado –, a casa de Orléans não obteria nenhum direito exigível que a falta de herdeiros de Henrique V já não lhe assegurasse, mas perderia todos os direitos exigíveis que havia conquistado pela revolução de julho. Ela renunciaria aos seus direitos originais, a todos os títulos que havia arrancado ao ramo mais antigo dos Bourbon em quase um século de lutas, trocaria as suas prerrogativas históricas, as prerrogativas do reinado moderno, pelas prerrogativas da sua linhagem. A fusão, portanto, nada mais era do que uma abdicação voluntária da casa de Orléans, a sua resignação legitimista, o retrocesso penitente da Igreja estatal protestante para a Igreja estatal católica. Um retrocesso que, ademais, nem os levava ao trono que haviam perdido, mas ao mesmo degrau do trono em que haviam nascido. Os velhos ministros orleanistas Guizot, Duchâtel etc., que igualmente acorreram a Claremont para apoiar a fusão, representaram de fato apenas a ressaca da revolução de julho, o desencanto com o reinado burguês e com o reinado dos burgueses, a superstição da legitimidade como último amuleto contra a anarquia. Imaginando-se mediadores entre Orléans e Bourbon, na realidade nada mais eram do que orleanistas renegados, e como tais foram recebidos pelo príncipe de Joinville. Em contrapartida, o segmento viável, belicista dos orleanistas, Thiers, Baze etc., não teve dificuldade em convencer a família de Luís Filipe de que, se qualquer restauração diretamente monarquista pressupunha a fusão das duas dinastias, mas se tal fusão implicasse a abdicação da casa de Orléans, corresponderia bem mais à tradição dos seus antepassados reconhecer provisoriamente a república e aguardar até que os acontecimentos permitissem transformar a cadeira presidencial em trono. A notícia da candidatura de Joinville foi espalhada por meio de rumores, a curiosidade pública foi atiçada e, alguns meses mais tarde, em setembro, após a rejeição da revisão, proclamada publicamente.

Assim, a tentativa de fusão monarquista entre orleanistas e legitimistas não só fracassara, como também quebrara a sua *fusão par-*

lamentar, a sua forma republicana comum, e desagregara o Partido da Ordem nos seus componentes originais; porém, quanto mais crescia o estranhamento entre Claremont e Veneza, quanto mais se desmanchava a sua unificação, quanto mais a agitação de Joinville se disseminava, tanto mais diligentes e sérias se tornavam as negociações entre Faucher, o ministro de Bonaparte, e os legitimistas.

A dissolução do Partido da Ordem não se deteve nos seus elementos originais. Cada uma das duas grandes facções se desagregou mais uma vez. Era como se todas as velhas nuanças que outrora haviam se combatido e atritado no interior de cada um dos dois círculos, seja do legitimista, seja do orleanista, tivessem degelado, como infusórios secos em contato com a água; era como se eles tivessem recuperado força vital suficiente para formar grupos próprios e antagonismos autônomos. Os legitimistas sonhavam com as antigas controvérsias entre as Tulherias e o Pavilhão de Marsan[54], entre Villèle e Poligniac. Os orleanistas reviveram os tempos áureos dos torneios entre Guizot, Molé, Broglie, Thiers e Odilon Barrot.

O segmento do Partido da Ordem favorável à revisão, mas desunido para além dos limites desta, composto por legitimistas liderados, de um lado, por Berryer e Falloux e, de outro, por La Rochejacquelein, e pelos orleanistas cansados de guerra sob a liderança de Molé, Broglie, Montalembert e Odilon Barrot, juntou-se aos representantes bonapartistas para apresentar a seguinte moção formulada em termos imprecisos e amplos: "Os representantes abaixo assinados, visando devolver à Nação o exercício pleno da sua soberania, apresentam moção para que a Constituição seja revisada"[55].

Ao mesmo tempo, porém, eles declararam unanimemente por meio do seu relator, Tocqueville, que a Assembleia Nacional não teria o direito de propor a *extinção da república*; esse direito caberia apenas

---

54 As Tulherias, em Paris, serviram, durante o período da restauração (1815-30), de residência para Luís XVIII; o Pavilhão de Marsan, situado dentro das Tulherias, era a residência do conde de Artois.

55 A moção foi apresentada na sessão de 2 de junho de 1851 da Assembleia Nacional Legislativa e publicada no *Le Moniteur Universel*, em 3 de junho de 1851.

à câmara de revisão. Ademais, a Constituição só poderia ser revisada pela *via "legal"*, ou seja, só se os três quartos dos votos constitucionalmente prescritos se decidissem pela revisão. Depois de seis dias de turbulentos debates, no dia 19 de julho, a revisão, como era de se esperar, foi rejeitada. Houve 446 votos favoráveis, mas 278 contrários. Os orleanistas resolutos Thiers, Changarnier etc. acompanharam o voto dos republicanos e da Montanha.

Assim sendo, a maioria do Parlamento se declarou contrária à Constituição, mas essa Constituição se declarou favorável à minoria e considerou a sua decisão como válida. Porém, no dia 31 de maio de 1850 e no dia 13 de junho 1849, o Partido da Ordem não havia subordinado a Constituição à maioria parlamentar? Toda a política que havia feito até ali não se baseara na subordinação dos parágrafos constitucionais às resoluções majoritárias do Parlamento? Não tinha relegado aos democratas e sancionado neles a crença supersticiosa veterotestamentária na letra da lei? Nesse momento, porém, a revisão da Constituição nada mais significava do que a continuidade do mandato presidencial, assim como a continuidade da Constituição nada mais significava do que a deposição de Bonaparte. O Parlamento se pronunciara a favor dele, mas a Constituição se pronunciara contra o Parlamento. Portanto, ele agiu no espírito do Parlamento quando rasgou a Constituição, e agiu no espírito da Constituição quando dispersou o Parlamento.

O Parlamento declarou a Constituição e junto com ela também o seu próprio poder como "excluídos da maioria"; com a sua decisão, aboliu a Constituição e prolongou o mandato presidencial; ao mesmo tempo, declarou que nem a Constituição poderia morrer nem o mandato do presidente viver enquanto ele próprio persistisse. Os pés daqueles que deveriam sepultá-lo já estavam diante da porta*. Enquanto o Parlamento debatia a revisão, Bonaparte afastou o general Baraguay d'Hilliers, que se mostrara indeciso, do comando da primeira divisão militar e nomeou para o posto o general Magnan, o vencedor de Lyon,

* Cf. Novo Testamento, Atos dos Apóstolos 5:9. (N. T.)

o herói das jornadas de dezembro, uma das suas criaturas que sob Luís Filipe, mais exatamente por ocasião da expedição a Bolonha, já se comprometera com ele em maior ou menor grau.

Com a sua decisão sobre a revisão, o Partido da Ordem demonstrou que não era apto nem para dominar nem para servir, nem para viver nem para morrer, nem para suportar a república nem para derrubá-la, nem para manter a Constituição nem para jogá-la no lixo, nem para cooperar com o presidente nem para romper com ele. De quem ele esperava a resolução de todas as contradições? Do calendário, do curso dos acontecimentos. Ele parou de arrogar-se o poder sobre os acontecimentos. Ele desafiou, portanto, os acontecimentos a tratá-lo com violência, e, desse modo, desafiou o poder ao qual entregou, na luta contra o povo, uma atribuição após a outra até que ele próprio se viu impotente diante dele. Para que o chefe do Poder Executivo pudesse traçar o seu plano de batalha contra ele com maior tranquilidade, reforçar os seus recursos operacionais, escolher os seus instrumentos, consolidar as suas posições, ele resolveu, em meio a esse momento crítico, retirar-se do cenário e entrar em recesso por três meses, de 10 de agosto a 4 de novembro.

O partido parlamentar não só estava dividido em duas grandes facções, cada uma dessas facções não só estava desagregada em si mesma, mas o Partido da Ordem no Parlamento também estava rompido com o Partido da Ordem *fora* do Parlamento. Os porta-vozes e os escribas da burguesia, os seus palanques e a sua imprensa, em suma, os ideólogos da burguesia e a própria burguesia, os representantes e os representados, estranhavam-se e não se entendiam mais.

Os legitimistas nas províncias com o seu horizonte limitado e entusiasmo ilimitado acusavam seus líderes parlamentares, Berryer e Falloux, de terem desertado para o campo bonapartista e renegado Henrique V. As suas mentes de flor-de-lis* acreditavam no pecado original, mas não na diplomacia.

---

* Além de ser símbolo da inocência e da pureza, o lírio, ou flor-de-lis, era emblema da dinastia de Bourbon. (N. T.)

Bem mais fatal e decisivo foi o rompimento da burguesia comercial com os seus políticos. Ela os acusou, não de terem renegado o seu princípio, como fizeram os legitimistas com os seus, mas, ao inverso, de continuarem atendo-se a princípios que se tornaram inúteis.

Já indiquei anteriormente que, no momento em que Fould ingressou para o ministério, o segmento da burguesia comercial que possuíra a parte do leão no domínio de Luís Filipe se tornara bonapartista, ou seja, que a *aristocracia financeira* se tornara bonapartista. Fould não representava só o interesse de Bonaparte na bolsa de valores, mas ao mesmo tempo o interesse da bolsa junto a Bonaparte. A descrição mais contundente da posição assumida pela aristocracia financeira consta de uma citação do seu órgão europeu, o *Economist*, de Londres. No seu número de 1º de fevereiro de 1851, ele reporta de Paris:

> Agora nos vem de todos os lados a constatação de que a França pede, antes de tudo, tranquilidade. O presidente declara isso na sua mensagem à Assembleia Legislativa e é repercutido das tribunas nacionais, reafirmado pelos jornais, proclamado do púlpito, *e é demonstrado pela sensibilidade dos títulos públicos diante da menor perspectiva de perturbação e pela estabilidade deles sempre que o Poder Executivo sai vitorioso.*

No seu número de 29 de novembro, o *Economist* declara no seu próprio nome: "Em todas as bolsas de valores da Europa, o presidente passou a ser reconhecido como a sentinela da ordem".

Portanto, a aristocracia financeira condenou a luta parlamentar do Partido da Ordem contra o Poder Executivo como *perturbação da ordem* e celebrou cada vitória do presidente contra os seus pretensos representantes como uma *vitória da ordem*. Não se deve entender aqui por aristocracia financeira somente as grandes instituições de crédito e os grandes especuladores de títulos públicos, em relação aos quais se compreende imediatamente que o seu interesse coincide com o interesse do poder estatal. Todo o moderno negócio com dinheiro e toda a economia bancária estão intimamente entretecidos com o crédito público. Uma parte do capital ativo necessariamente é investido em títulos públicos facilmente resgatáveis e emprestado a juros. Os seus depósitos, o capital disponibilizado entre eles e distribuído por eles entre comerciantes e industriais, flui em parte dos dividendos dos detentores de fundos públicos. Se em todas as épocas a estabilidade do poder estatal equivalia a algo como Moisés e os profetas para todo o mercado do dinheiro e para os oficiantes desse mercado, como deixaria de sê-lo nos dias de hoje, em que todo dilúvio ameaça arrastar embora as velhas dívidas públicas junto com os velhos Estados?

Também a *burguesia industrial*, no seu fanatismo pela ordem, irritou-se com as desavenças do Partido da Ordem no Parlamento com o Poder Executivo. Thiers, Anglès, Sainte-Beuve etc. receberam, após o seu voto de 18 de janeiro, por ocasião da deposição de Changarnier, reprimendas públicas dos seus mandatários justamente dos distritos industriais, em que fustigavam principalmente a sua coalizão com a Montanha como alta traição contra a ordem. Se, por um lado, vimos que os gracejos insolentes e as intrigas mesquinhas em que se expressava a briga do Partido da Ordem com o presidente não mereceram melhor acolhida, por outro lado, esse partido burguês que exigiu dos seus representantes que deixassem o poder militar migrar das mãos do seu próprio Parlamento para as de um pretendente aventureiro sem oferecer resistência nem sequer era merecedor das intrigas desperdiçadas no seu interesse. Ele demonstrou que a luta pela afirmação do seu interesse *público*, do *interesse da sua própria classe*, do seu *poder político*, apenas o incomodava e desgostava como perturbação dos seus negócios privados.

Os dignitários burgueses das cidades departamentais, os magistrados, os juízes comerciais etc., com raríssimas exceções, recebiam Bonaparte da maneira mais servil possível em todos os lugares por onde passava, inclusive quando ele atacava sem meias palavras a Assembleia Nacional e especificamente o Partido da Ordem, como fez em Dijon.

Quando o comércio estava bem, como ainda era o caso no início de 1851, a burguesia comercial vociferava contra todo e qualquer embate parlamentar para que o comércio não ficasse mal-humorado. Quando o comércio ia mal, como ocorreu permanentemente a partir do final de fevereiro de 1851, ela acusava os embates parlamentares de serem a causa da estagnação e clamava por seu silenciamento para que o comércio voltasse a se fazer ouvir. Os debates sobre a revisão ocorreram justamente nesse período ruim. Como no caso se tratava da existência ou não existência da forma de Estado vigente, a burguesia sentiu-se tanto mais no direito de exigir dos seus representantes o fim desse torturante estado provisório com a simultânea manutenção do *status quo*. Não havia nisso qualquer contradição. Por fim do estado provisório ela entendia justamente a sua continuidade, o adiamento para um tempo bem remoto do instante em que deveria haver uma decisão. Só havia duas maneiras de manter o *status quo:* prorrogação do mandato de Bonaparte ou a saída constitucionalmente prevista deste e a eleição de Cavaignac. Um segmento da burguesia desejava esta última solução e não sabia dar aos seus representantes conselho melhor do que este: que ficassem calados e não tocassem no ponto candente. Se os seus representantes não abrissem a boca, assim pensavam eles, Bonaparte não agiria. Eles queriam um Parlamento--avestruz, que escondesse a cabeça para passar despercebido. Outro segmento da burguesia desejava que Bonaparte, por estar já ocupando a cadeira presidencial, nela permanecesse, para que tudo continuasse nos velhos trilhos. Indignavam-se com o fato de o seu Parlamento não violar abertamente a Constituição e abdicar sem rodeios.

Os Conselhos Gerais dos *départements*, essas representações provinciais da grande burguesia, que se reuniram no recesso da Assembleia Nacional a partir de 25 de agosto, pronunciaram-se quase unanimemente favoráveis à revisão, ou seja, contrários ao Parlamento e a favor de Bonaparte.

De modo ainda mais inequívoco do que no caso da ruptura com os seus *representantes parlamentares*, a burguesia tornou pública a sua raiva contra os seus representantes literários, contra a sua própria imprensa. Causaram assombro não só na França, mas em toda a Europa, as sentenças proferidas pelos júris burgueses, condenando jornalistas burgueses a pagar multas exorbitantes e a cumprir penas descabidas de prisão por todo e qualquer ataque que desferiam contra os anseios usurpadores de Bonaparte, por toda e qualquer tentativa da imprensa no sentido de defender os direitos políticos da burguesia contra o Poder Executivo.

Como demonstrei, o *partido parlamentar da ordem* com a sua grita por tranquilidade reduziu a si próprio ao silêncio, declarando que o domínio político da burguesia é incompatível com a segurança e a continuidade da burguesia, destruindo com as próprias mãos, na luta contra as demais classes da sociedade, todas as condições de seu próprio regime, o regime parlamentarista; a *massa extraparlamentar da burguesia*, em contrapartida, sendo servil ao presidente, insultando o Parlamento, maltratando a sua própria imprensa, praticamente convidou Bonaparte a reprimir e destruir o segmento que dominava a fala e a escrita, os seus políticos e os seus literatos, a sua tribuna e a sua imprensa, para que pudesse, confiadamente, sob a proteção de um governo forte e irrestrito, dedicar-se aos seus negócios privados. Ela declarou inequivocamente que estava ansiosa por desobrigar-se do seu próprio domínio político para livrar-se, desse modo, das dificuldades e dos perigos nele implicados.

E essa massa da burguesia, que já se indignara contra a simples luta parlamentar e literária em prol do domínio da sua própria classe e traíra os líderes dessa luta, ousou, então, depois do fato, acusar o proletariado de não ter se levantado para a batalha sangrenta, para a batalha de vida e morte por ela! Ela, que a todo momento sacrificara o interesse geral da sua classe, isto é, o seu interesse político, em favor do mais tacanho e imundo interesse privado e exigira que os seus representantes fossem capazes de fazer sacrifício similar, deplorou, então, que o proletariado tenha sacrificado os interesses políticos idealistas dela em favor dos seus interesses materiais. Ela adota a pose da alma boa que teria sido mal-interpretada e abandonada no momento decisivo pelo proletariado desencaminhado pelos socialistas. E encontrou eco generalizado no mundo burguês. É claro que não estou falando aqui dos políticos bairristas alemães e dos imbecis que pensam como eles. Remeto, por exemplo, ao mesmo *Economist* que, no dia 29 de novembro de 1851, ou seja, quatro dias antes do golpe de Estado, ainda declarara Bonaparte como o "sentinela da ordem", Thiers e Berryer como "anarquistas", e que, já no dia 27 de dezembro de 1851, depois de Bonaparte ter calado todos os anarquistas, levantou a voz contra a traição que as "massas proletárias ignorantes, mal-educadas e estúpidas" teriam cometido "contra a habilidade, o conhecimento, a disciplina, a influência espiritual, os recursos intelectuais e o peso moral dos estratos médios e altos da sociedade". A massa estúpida, ignorante e ordinária foi a própria burguesia e ninguém mais.

No ano de 1851, a França de fato passou por uma espécie de pequena crise comercial. No final de fevereiro evidenciou-se a diminuição da exportação em relação a 1850, em março o comércio foi afetado e as fábricas pararam, em abril a situação dos *départements* industriais parecia tão desesperadora quanto após as jornadas de fevereiro, em maio os negócios ainda não se haviam reanimado, ainda no dia 28 de junho o portfólio do Banco da França indicou, em vista do enorme crescimento dos depósitos e da redução na mesma medida dos adiantamentos sobre letras de câmbio, a paralisação da produção, e só em meados de outubro os negócios começaram a melhorar progressivamente. A burguesia francesa atribuiu essa estagnação do comércio a razões puramente políticas, ou seja, ao embate entre o Parlamento e o Poder Executivo, à incerteza provocada por uma forma de Estado apenas provisória, à perspectiva aterradora do segundo [domingo do mês] de maio de 1852. Não quero negar que todas essas circunstâncias deprimiram alguns ramos industriais em Paris e nos *départements*. De qualquer modo, porém, a interferência das condições políticas foi apenas local e irrelevante. Haveria necessidade de prova maior do que esta: a recuperação do comércio se deu justamente no momento em que a situação política piorou, em que o horizonte político escureceu e em que a cada instante se esperava que um raio fosse lançado do Eliseu, por volta de meados de outubro? Aliás, os burgueses franceses, cuja "habilidade, conhecimento, inteligência e recursos intelectuais" não eram maiores do que o seu nariz, tiveram a oportunidade de tocar com o nariz a causa da sua miséria comercial durante todo o tempo em que durou a feira industrial em Londres. Enquanto na França as fábricas eram fechadas, na Inglaterra ocorriam bancarrotas comerciais. Enquanto na França o pânico na indústria atingia o seu ponto alto em abril e maio, na Inglaterra, o pânico no comércio atingiu o ponto alto em abril e maio. A indústria do algodão inglesa sofreu tanto quanto a francesa, a fabricação da seda inglesa sofreu tanto quanto a francesa. As fábricas de algodão inglesas continuaram trabalhando, mas não com o mesmo lucro dos anos 1849 e 1850. As únicas diferenças foram que a crise foi industrial na França e comercial na Inglaterra, que, enquanto as fábricas eram desativadas na França, elas se expandiam na Inglaterra, ainda que em condições não tão favoráveis quanto nos anos anteriores, que os maiores golpes foram sentidos pela exportação na França e pela importação na Inglaterra. A causa comum disso, que naturalmente não deve ser procurada dentro dos limites do horizonte político francês, era evidente. 1849 e 1850 foram anos de enorme prosperidade material e de uma superprodução que só em 1851 se revelou como tal. No início desse ano, ela ainda foi particularmente estimulada pela perspectiva da feira industrial. Advieram ainda as seguintes circunstâncias peculiares: primeiro a quebra da safra de algodão em 1850 e 1851, depois a certeza de uma safra maior do que a esperada, primeiro o aumento e em seguida a queda dos preços, em suma, as oscilações do preço do produto. Na França, a safra de seda bruta ao menos ficou dentro da média de produção. Por fim, a manufatura da lã havia se expandido de tal forma desde 1848 que a produção de lã não conseguia acompanhá-la, fazendo com que o preço da lã bruta aumentasse numa desproporção muito grande em relação ao preço dos artigos de lã manufaturados. Já temos aqui, portanto, na matéria-prima de três ramos industriais do mercado mundial, três vezes o material necessário para uma estagnação do comércio. Abstraindo dessas circunstâncias especiais, a aparente crise do ano de 1851 nada mais foi do que uma parada que a superprodução e a superespeculação costumam provocar na trajetória do ciclo industrial, antes de reunir todas as forças para atravessar célere e febrilmente a última etapa do ciclo e chegar novamente ao seu ponto de partida, a *crise comercial generalizada*. Nesses intervalos da história do comércio, pipocam na Inglaterra bancarrotas comerciais, ao passo que na França a própria indústria é desativada, em parte forçada a recuar em todos ramos do mercado devido à concorrência dos ingleses, que justamente nesses momentos se torna insuportável, em parte, por se tratar de uma indústria de artigos de luxo, sendo preferencialmente abalada por toda e qualquer estagnação comercial. Assim, a França, além de passar pelas crises generalizadas, ainda passou por suas crises comerciais nacionais, que, no entanto, são determinadas e condicionadas bem mais pela situação geral do mercado mundial do que por influências locais francesas. Não deixa de ser interessante confrontar o preconceito dos burgueses franceses com o juízo formulado pelos burgueses ingleses. Uma das maiores casas comerciais de Liverpool escreve o seguinte no seu relatório comercial anual referente ao ano de 1851:

> Poucos anos frustraram tanto os prognósticos feitos no seu início quanto o ano recém-transcorrido; em vez da grande prosperidade antevista unanimemente, ele provou ser o ano mais desalentador do último quarto de século. Naturalmente isso se aplica somente às classes mercantis, não às industriais. Mas com certeza havia razões, no início do ano, para concluir que ocorreria o contrário; os estoques de produtos estavam baixos, o capital era abundante, os gêneros alimentícios estavam baratos, um outono abundante estava assegurado; paz prolongada no continente e nenhum distúrbio político ou financeiro interno: de fato, as asas do comércio jamais estiveram tão soltas. [...] A quem se deve atribuir então esse resultado desfavorável? Acreditamos que ao *comércio excessivo*, tanto em termos de importação quanto de exportação. Se nossos comerciantes não impuserem limites mais estritos à sua atividade, nada conseguirá nos manter nos trilhos, a não ser um *panic* [pânico] de três em três anos.[56]

56 Trata-se do artigo intitulado "The spirit of the annual trade circulars. The year that is past" [O espírito das cartas circulares anuais sobre o comércio. O ano que passou], publicado pelo *Economist* (Londres), em 10 de janeiro de 1852.

Imaginemos agora como, no meio desse pânico comercial, o cérebro do burguês francês, já abalado pelo comércio, é torturado, azoado, atordoado por rumores sobre golpes de Estado e sobre a reintrodução do sufrágio universal, sobre o embate entre Parlamento e Poder Executivo, sobre a guerra frondista dos orleanistas e legitimistas, sobre conspirações comunistas no sul da França, sobre supostas *jacqueries* [levantes camponeses] nos *départements* de Nièvre e Cher, sobre as propagandas dos diferentes candidatos à presidência, sobre as manchetes espalhafatosas dos jornais, sobre as ameaças dos republicanos propondo-se a defender a Constituição e o sufrágio universal de armas na mão, sobre as boas-novas da parte dos heróis emigrados *in partibus* [no exterior], que anunciavam o fim do mundo para o segundo [domingo do mês] de maio de 1852. Em vista disso, é muito compreensível que, em meio a essa indescritível e ruidosa confusão de fusão, revisão, prorrogação, Constituição, conspiração, coalizão, emigração, usurpação e revolução, o burguês tenha esbravejado furioso na direção da sua república parlamentar: "*Antes um fim com terror do que um terror sem fim!*".

Bonaparte entendeu esse grito. A sua capacidade de percepção fora aguçada pela crescente impulsividade dos credores, que, em cada pôr do sol que os aproximava mais e mais da data de vencimento, o segundo [domingo do mês] de maio de 1852, viam o movimento astral protestando as suas promissórias terrenas. Eles haviam se tornado verdadeiros astrólogos. A Assembleia Nacional decepara de Bonaparte a esperança de prorrogação constitucional do seu mandato e a candidatura do príncipe de Joinville não permitia guardar silêncio por mais tempo.

Se alguma vez houve algum evento que, bem antes de acontecer, projetou a sua sombra à frente, então esse foi o golpe de Estado de Bonaparte. Já no dia 29 de janeiro de 1849, menos de um mês após a sua eleição, ele fizera a Changarnier proposta nesse sentido. O seu próprio primeiro-ministro Odilon Barrot denunciara veladamente, no verão de 1849, e Thiers abertamente, no inverno de 1850, a política dos golpes de Estado. Em maio de 1851, Persigny tentara uma vez mais obter o apoio de Changarnier para o *coup*, tendo o *Messager de l'Assemblée* publicado essa negociação. Toda vez que o Parlamento partia para o ataque, os jornais bonapartistas ameaçavam com um golpe de Estado, e à medida que a crise se aproximava o tom ia escalando. Nas orgias que Bonaparte festejava todas as noites com o seu *swell mob* [bando de impostores] de ambos os sexos, toda vez que se aproximava a meia-noite e as abundantes libações já haviam desprendido a língua e esquentado a fantasia, o golpe de Estado era marcado para o dia seguinte. Desembainhavam-se as espadas, ouvia-se o ruído de copos quebrados, os representantes eram defenestrados, o manto imperial caía sobre os ombros de Bonaparte, até que a alvorada seguinte mais uma vez desfazia a assombração e uma Paris atônita se inteirava, por boca de vestais pouco recatadas e paladinos indiscretos, do perigo de que uma vez mais acabara de escapar. Nos meses de setembro e outubro, os rumores de um *coup d'état* se atropelavam. A sombra projetada começou a ganhar cor, como num daguerreótipo colorido. Consultem-se as séries mensais de setembro e outubro dos órgãos da imprensa diária europeia e se encontrarão alusões literais como as seguintes: "Rumores de golpe de Estado invadem Paris. A capital deverá ser tomada por tropas durante a noite e a manhã seguinte trará decretos dissolvendo a Assembleia Nacional, instaurando o estado de sítio no *département* do Seine, restaurando o sufrágio universal, apelando ao povo. Bonaparte estaria procurando ministros para executar esses decretos ilegais". Os comunicados que traziam essas notícias sempre terminavam fatalmente com um *"adiado"*. O golpe de Estado sempre foi ideia fixa de Bonaparte. Ao voltar a pisar o chão francês, já trouxe consigo essa ideia. Ela o possuía de tal maneira que ele continuamente se traía e dava com a língua nos dentes. Mas era tão fraco que sempre acabava desistindo dela. A sombra do golpe de Estado tornou-se um espectro tão familiar aos parisienses que não queriam acreditar que fosse real, até que ele acabou aparecendo em carne e osso. Portanto, o que fez com que o golpe de Estado fosse bem-sucedido não foi nem a discrição recatada do chefe da Sociedade 10 de Dezembro, nem um atropelamento imprevisto de parte da Assembleia Nacional. Ele foi bem-sucedido apesar da indiscrição *daquele* e com conhecimento prévio *desta*, ou seja, foi resultado necessário e inevitável do desenvolvimento anterior.

No dia 10 de outubro, Bonaparte anunciou aos seus ministros a decisão de restabelecer o sufrágio universal; no dia 16, eles pediram demissão; no dia 26, Paris tomou conhecimento da formação do ministério de Thorigny. Ao mesmo tempo, o diretor da polícia, Carlier, foi substituído por Maupas, o chefe da primeira divisão militar, e Magnan fez convergir os regimentos mais confiáveis para a capital. No dia 4 de novembro, a Assembleia Nacional retomou as suas sessões. Só o que lhe restou foi refazer mediante uma recapitulação breve e concisa o percurso que havia absolvido e comprovar que só fora sepultada depois de morta.

O primeiro posto que ela perdera na luta contra o Poder Executivo foi o do ministério, sendo forçada a admitir solenemente essa perda ao acatar como pleno o ministério de Thorigny, que nada mais era do que um pseudoministério. A Comissão de Permanência havia recebido o senhor Giraud com gargalhadas quando ele se apresentara em nome dos novos ministros. Um ministério tão fraco em função de medidas tão fortes como a restauração do sufrágio universal! Porém, a intenção era justamente não conseguir nada *no* Parlamento, mas tudo *contra* o Parlamento.

Logo no primeiro dia da reabertura dos trabalhos, a Assembleia Nacional recebeu a mensagem de Bonaparte, em que ele exigia a restauração do sufrágio universal e a anulação da lei de 31 de maio de 1850. No mesmo dia, os seus ministros submeteram à Assembleia um decreto nesses termos. A Assembleia rejeitou o pedido de urgência dos ministros imediatamente e a própria lei no dia 13 de novembro por 355 votos contra 348. Mais uma vez ela rasgou o seu mandato, mais uma vez ela confirmou que de representação livremente eleita pelo povo se transformara em Parlamento usurpador de uma classe, mais uma vez ela confessou ter cortado, ela própria, os músculos que ligavam a cabeça parlamentar ao corpo da sua nação.

Enquanto o Poder Executivo, mediante a sua moção de restauração do sufrágio universal, apelou ao povo em vez de à Assembleia

Nacional, o Poder Legislativo, mediante a sua lei dos questores, apelou ao exército em vez de ao povo. Essa lei dos questores deveria estabelecer o seu direito de requisitar tropas diretamente, de formar um exército parlamentar. Nomeando, assim, o exército como árbitro entre si mesma e o povo, entre si mesma e Bonaparte, reconhecendo o exército como poder estatal decisório, a Assembleia Nacional se obrigava a admitir, em contrapartida, que há muito já renunciara ao direito de exercer domínio sobre ele. Ao debater o direito de requisição de tropas em vez de requerê-las imediatamente, ela mostrou dúvida acerca do seu próprio poder. Ao rejeitar a lei dos questores, ela admitiu abertamente a sua impotência. Essa lei não passou por lhe faltarem 108 votos; portanto, a Montanha decidira a votação. A Assembleia se encontrava na situação do asno de Buridano, mas não entre dois sacos de feno para decidir qual seria o mais apetitoso e sim entre duas camaçadas de pau para decidir qual seria a mais severa. De um lado o medo de Changarnier, do outro o medo de Bonaparte. É preciso reconhecer que a situação nada tinha de heroica.

No dia 18 de novembro, foi apresentado um *amendement* [emenda] à lei proposta pelo Partido da Ordem para as eleições municipais, para que bastasse que o eleitor municipal tivesse um ano de residência em vez de três. O *amendement* foi rejeitado por um único voto, mas imediatamente se descobriu que esse voto se devia a um lapso. O Partido da Ordem há muito já havia perdido a maioria parlamentar autônoma em virtude da sua fragmentação em facções antagônicas. Ficou claro, então, que não havia mais maioria nenhuma no Parlamento. A Assembleia Nacional se tornara *incapaz de tomar decisões*. Não havia mais força coesiva unindo os seus elementos atômicos; ela havia dado o seu último suspiro e estava morta.

A massa extraparlamentar da burguesia, por fim, uma vez mais confirmaria solenemente o seu rompimento com a burguesia no Parlamento alguns dias antes da catástrofe. Depois da morte do Parlamento, Thiers, na condição de herói parlamentar preferencialmente contagiado pela doença incurável do cretinismo parlamentar, arquitetara uma nova intriga parlamentar junto com o Conselho de Estado, uma lei de responsabilidade que deveria confinar o presidente dentro dos limites da Constituição. Assim como, no dia 15 de setembro, por ocasião do lançamento da pedra fundamental dos novos pavilhões do mercado de Paris, Bonaparte encantara as *dames des halles*, as vendedoras de peixe, como um Masaniello* redivivo – é verdade que uma vendedora de peixe valia por dezessete burgraves[57] em termos de poder efetivo –, assim como ele entusiasmara os tenentes obsequiados no Eliseu após a apresentação da lei dos questores, também arrebatou, no dia 25 de novembro, a burguesia industrial reunida no circo para receber da sua mão as medalhas como prêmio para a Feira Industrial de Londres. Reproduzo o trecho característico do seu discurso segundo o *Journal des Débats*:

> Esses sucessos inesperados me autorizam a reiterar como seria grande a república francesa se ela pudesse perseguir os seus reais interesses e reformar as suas instituições, em vez de ser constantemente perturbada, de um lado, pelos demagogos e, de outro, pelas alucinações monarquistas. (Aplauso ruidoso, entusiástico e reiterado de todos os lados do anfiteatro.) As alucinações monarquistas obstaculizam todo progresso e todo ramo industrial sério. Em vez do progresso, só se veem brigas. Veem-se homens que antes eram os mais zelosos esteios da autoridade e prerrogativa das casas reais tornando-se partidários de uma convenção que visa unicamente enfraquecer a autoridade oriunda do sufrágio universal. (Aplauso ruidoso e reiterado.) Vemos como os homens que mais sofreram com a revolução e que mais se queixaram dela estão provocando uma nova, e isso apenas para imobilizar a vontade da nação. [...] Eu vos prometo um futuro tranquilo etc. etc. ("Bravo! Bravo! Bravo!" entusiástico.)[58]

Foi assim que a burguesia industrial aplaudiu com um "bravo!" subserviente o golpe de Estado de 2 de dezembro, a destruição do Parlamento, o ocaso do seu próprio domínio, a ditadura de Bona-

---

* Tomaso Aniello (1620-47), conhecido como Masaniello, pescador, líder de uma insurreição popular em Nápoles em 1647 contra o domínio espanhol. (N. T.)

57 Cf. nota 46.

58 Em *Journal des Débats Politiques et Littéraires* (Paris), de 26 de novembro de 1851.

parte. O estrondoso aplauso de 25 de novembro foi respondido pelo estrondo dos canhões do dia 4 de dezembro, e foi sobre a casa do senhor Sallandrouze, um dos que mais batera palmas gritando "bravo!", que se abateu o maior número de bombas.

Cromwell, ao dissolver o Parlamento Longo[59], foi sozinho até o centro deste, tirou o relógio do bolso para que ele não subsistisse nem por um minuto além do prazo por ele estipulado e enxotou cada um dos parlamentares com insultos divertidos e bem-humorados. Napoleão, não possuindo a estatura do seu modelo, ao menos foi até o Corpo Legislativo no dia 18 de brumário e leu em voz alta, ainda que embargada, a sentença de morte dele. O segundo Bonaparte, que, aliás, estava sob um Poder Executivo bem diferente do de Cromwell ou Napoleão, não buscou o seu modelo nos anais da história mundial, mas nos anais da Sociedade 10 de Dezembro, nos anais da jurisprudência criminal. Em seguida, ele roubou 25 milhões de francos do banco da França, comprou o general Magnan com 1 milhão e os soldados, um por um, com 15 francos e cachaça, encontrou-se secretamente com os seus comparsas como um ladrão durante a noite, mandou invadir a casa dos líderes mais perigosos do Parlamento e sequestrar Cavaignac, Lamoricière, Le Flô, Changarnier, Charras, Thiers, Baze etc. enquanto dormiam, ordenou que as tropas ocupassem os pontos-chave de Paris, bem como o prédio do Parlamento, e logo pela manhã mandou afixar cartazes vistosos em todos os muros, anunciando a dissolução da Assembleia Nacional e do Conselho de Estado, a restauração do sufrágio universal e a decretação do estado de sítio no *département* de Seine. Pouco depois, inseriu um documento falso no *Moniteur* segundo o qual nomes influentes do Parlamento teriam se agrupado em torno dele numa consulta oficial.

O torso do Parlamento, reunido no prédio do *mairie* do 10º *arrondissement*, composto principalmente por legitimistas e orleanistas, que, sob reiterados gritos de "Viva a república", decidem-se pela

[59] Durante a revolução burguesa na Inglaterra, não houve novas eleições para o Parlamento ao longo de treze anos (1640-53), razão pela qual ele foi denominado "Parlamento Longo".

deposição de Bonaparte, discursam em vão para a massa que os fita curiosa diante do prédio e acabam sendo arrastados sob a custódia de atiradores de elite africanos primeiro para a caserna de Orsay, sendo mais tarde amontoados em carruagens prisionais e transportados para as prisões de Mazas, Ham e Vincennes. Esse foi o fim do Partido da Ordem, da Assembleia Legislativa e da Revolução de Fevereiro. Antes de passar rapidamente ao final, façamos um breve esquema da sua história:

I – Primeiro período: de 24 de fevereiro a 4 de março de 1848. Período de fevereiro. Prólogo. A fraude da fraternização geral.

II – Segundo período: período da constituição da República e da Assembleia Nacional Constituinte.

1 – De 4 de maio a 25 de junho de 1848: luta de todas as classes contra o proletariado. Derrota do proletariado nas jornadas de junho.

2 – De 25 de junho a 10 de dezembro de 1848: ditadura dos burgueses republicanos puros. Elaboração da Constituição. Decretação do estado de sítio em Paris. A ditadura dos burgueses é eliminada em 10 de dezembro mediante a eleição de Bonaparte para presidente.

3 – De 20 de dezembro de 1848 a 28 de maio de 1849: luta da Assembleia Constituinte contra Bonaparte e o Partido da Ordem com ele coligado. Fim da Assembleia Constituinte. Queda da burguesia republicana.

III – Terceiro período: período da *república constitucional* e da *Assembleia Legislativa Nacional*.

1 – De 28 de maio a 13 de junho de 1849: luta dos pequeno-burgueses contra a burguesia e Bonaparte. Derrota da democracia pequeno-burguesa.

2 – De 13 de junho de 1849 a 31 de maio de 1850: ditadura parlamentar do Partido da Ordem. Aperfeiçoa o seu domínio mediante a abolição do sufrágio universal, mas perde o ministério parlamentar.

3 – De 31 de maio de 1850 a 2 de dezembro de 1851: luta entre a burguesia parlamentar e Bonaparte.

a) De 31 de maio de 1850 a 12 de janeiro de 1851: o Parlamento perde o comando supremo sobre as Forças Armadas.

b) De 12 de janeiro a 11 de abril de 1851: é derrotado nas tentativas de reapropriar-se do poder administrativo. O Partido da Ordem perde a maioria parlamentar autônoma. A sua coalizão com os republicanos e a Montanha.

c) De 11 de abril a 9 de outubro de 1851: tentativas de revisão, fusão e prorrogação. O Partido da Ordem se decompõe nos seus componentes individuais. Consolida-se a ruptura do Parlamento burguês e da imprensa burguesa com a massa burguesa.

d) De 9 de outubro a 2 de dezembro de 1851: rompimento franco entre o Parlamento e o Poder Executivo. O Parlamento realiza o seu ato derradeiro e sucumbe, abandonado pela sua própria classe, pelas Forças Armadas e por todas as demais classes. Fim do regime parlamentarista e do domínio burguês. Vitória de Bonaparte. Paródia da restauração imperialista.

VII

A *república social* apareceu como fraseologia, como profecia no limiar da Revolução de Fevereiro. No mês de junho de 1848, ela foi afogada no sangue *do proletariado parisiense*, mas rondou os atos seguintes do drama como um espectro. Anuncia-se a *república democrática*. Esta se desmancha no ar em 13 de junho de 1849 com a fuga dos seus pequeno-burgueses, que ao fugir redobram os reclames a seu favor. Pelas mãos da burguesia, a *república parlamentar* apodera-se de todo o cenário, expandindo a sua existência em toda a sua amplitude, até que o dia 2 de dezembro de 1851 a sepulta sob a gritaria angustiada dos monarquistas coligados: "Viva a república!".

A burguesia francesa sublevou-se contra o domínio do proletariado trabalhador e colocou no poder o lumpemproletariado e, no seu topo, o líder da Sociedade 10 de Dezembro. A burguesia deixou a França ofegante de medo frente aos futuros horrores a serem esperados da anarquia vermelha; Bonaparte sacou esse futuro da conta dela quando, no dia 4 de dezembro, ordenou que o exército da ordem, animado pela cachaça, fuzilasse nas janelas das suas próprias casas os burgueses ilustres do bulevar Montmartre e do bulevar dos Italianos. A burguesia fez a apoteose do sabre; o sabre a dominou. Ela destruiu a imprensa revolucionária; a sua própria imprensa foi destruída. Ela colocou as Assembleias populares sob a vigilância da polícia; os seus próprios salões culturais foram vigiados pela polícia. Ela dissolveu as Guardas Nacionais democráticas; a sua própria Guarda Nacional foi dissolvida. Ela decretou o estado de sítio; o estado de sítio foi decretado sobre ela. Ela substituiu os júris pelas comissões militares; os seus júris foram substituídos por comissões militares. Ela submeteu o ensino popular aos padrecos; os padrecos a submeteram ao seu próprio ensino. Ela deportou sem julgamento; ela foi deportada sem julgamento. Ela reprimiu toda e qualquer manifestação da sociedade mediante o poder estatal; toda e qualquer manifestação da sua sociedade foi esmagada pelo poder estatal. Motivada por sua bolsa de dinheiro, ela se rebelou contra os seus próprios políticos e escritores; os políticos e escritores foram eliminados, mas, tendo sido desse modo amordaçada a sua boca e quebrada a sua pena, também a sua bolsa de dinheiro foi saqueada. A burguesia bradou incansavelmente para a Revolução como Santo Arsênio aos cristãos: "*Fuge, tace, quisce!*" [Foge, cala-te, aquieta-te!] Bonaparte gritou para a burguesia: "*Fuge, tace, quisce!*" [Foge, cala-te, aquieta-te!].

A burguesia francesa há muito já havia solucionado o seguinte dilema de Napoleão: "*Dans cinquante ans l'Europe sera républicaine ou cosaque*" [Daqui a cinquenta anos a Europa será republicana ou cossaca][60]. Ela o solucionou na forma da "*république cosaque*" [república cossaca]. Nenhuma Circe desfigurou a obra de arte da república burguesa mediante um feitiço mau. Aquela república nada perdeu além da sua aparência de respeitabilidade. A França atual estava integralmente contida na república parlamentar. Bastava uma estocada de baioneta para estourar a bolha e fazer com que o monstrengo saltasse aos olhos.

Por que o proletariado parisiense não se sublevou após o 2 de dezembro?

A queda da burguesia acabara de ser decretada, e o decreto ainda não havia sido cumprido. Qualquer rebelião séria do proletariado imediatamente a teria reanimado e reconciliado com o exército, assegurando aos trabalhadores uma segunda derrota de junho.

No dia 4 de dezembro, o proletariado foi incitado à luta por burgueses e *épiciers* [lojistas]. Ao entardecer daquele dia, várias legiões da

---

[60] Esse dito de Napoleão I consta do livro de Las Cases intitulado *Mémorial de Saint-Hélène, ou journal où se trouve consigné, jour par jour, ce qu'a dit et fait Napoléon durante dix-huit mois* [Memorial de Santa Helena, ou jornal em que se acha registrado, dia após dia, o que disse e fez Napoleão durante dezoito meses], Paris, 1822-23.

Guarda Nacional prometeram comparecer armadas e uniformizadas no campo de batalha. Burgueses e *épiciers* haviam descoberto que, em um dos seus decretos de 2 de dezembro, Bonaparte havia abolido o voto secreto e ordenava-lhes que apusessem o seu "sim" ou "não" após os seus nomes nos registros oficiais. A resistência de 4 de dezembro intimidou Bonaparte. Durante a noite, ele mandou afixar em todas as esquinas de Paris cartazes anunciando a restauração do voto secreto. Burgueses e *épiciers* acreditavam ter alcançado o seu objetivo. Quem não compareceu na manhã seguinte foram os *épiciers* e os burgueses.

O proletariado parisiense havia sido privado dos seus líderes, os chefes de barricadas, por um ataque-surpresa desferido por Napoleão durante a noite do dia 1º para o dia 2 de dezembro. Um exército sem oficiais, nada inclinado a lutar sob a bandeira dos *montagnards* em vista das lembranças de junho de 1848 e 1849 e de maio de 1850, deixou a cargo da sua vanguarda, ou seja, das sociedades secretas, a salvação da honra insurrecional de Paris. Esta foi entregue tão sem resistência à soldadesca pela burguesia que Bonaparte, mais tarde, pôde desarmar a Guarda Nacional alegando o seguinte motivo sarcástico: ele temia que as suas armas pudessem ser usadas contra ela própria pelos anarquistas!

"C'est le triomphe complet et définitif du socialisme!" [Este é o triunfo completo e definitivo do socialismo!] Foi assim que Guizot caracterizou o dia 2 de dezembro. Mas ainda que a queda da república parlamentar contivesse o germe do triunfo da revolução proletária, o seu primeiro resultado palpável foi *a vitória de Bonaparte sobre o Parlamento, a vitória do Poder Executivo sobre o Poder Legislativo, do poder sem fraseologia sobre o poder da fraseologia.* No Parlamento, a nação conferiu força de lei à sua vontade geral, isto é, estatuiu a lei da classe dominante como vontade geral da nação. Diante do Poder Executivo, ela abdicou de toda e qualquer vontade própria e se submeteu ao ditame da vontade alheia, ou seja, ao poder da autoridade. Diferentemente do Poder Legislativo, o Poder Executivo é expressão da heteronomia da nação em contraposição à sua autonomia. Portanto, tem-se a impressão de que a França apenas escapou do

despotismo de uma classe para voltar a cair sob o despotismo de um indivíduo mais precisamente sob a autoridade de um indivíduo sem autoridade. A luta parece ter sido conciliada de tal modo que todas as classes se encontram de joelhos diante da culatra do fuzil, igualmente impotentes e caladas.

Porém, a revolução é radical. Ela ainda está percorrendo o purgatório. Exerce o seu mister com método. Até o dia 2 de dezembro de 1851, ela absolvera a metade dos seus preparativos; agora ela se encontra na outra metade. Primeiro fez com que o Parlamento chegasse ao auge do seu poder para então derrubá-lo. Tendo conseguido isso, ela passa a fazer com que o *Poder Executivo* chegue ao seu auge, reduzindo-o à sua expressão mais pura, isolando-o, colocando-o diante dos seus olhos como pura acusação para concentrar nele todas as suas forças de destruição. E quando ela tiver consumado essa segunda metade dos seus trabalhos preparatórios, a Europa se porá em pé e exultará: bem cavoucado, velha toupeira*!

Esse Poder Executivo com a sua monstruosa organização burocrática e militar, com a sua máquina estatal multifacetada e artificiosa, esse exército de funcionários de meio milhão de pessoas somado a um exército regular de mais meio milhão, essa terrível corporação de parasitas, que envolve o organismo da sociedade francesa como uma membrana e entope todos os seus poros, surgiu no tempo da monarquia absoluta, na época da decadência do sistema feudal, para cuja aceleração contribuiu. Os privilégios senhoriais dos proprietários de terra e das cidades se transformam na mesma quantidade de atributos do poder estatal, os dignitários feudais passam à condição de funcionários remunerados e o catálogo multicor dos potentados medievais conflitantes se converte em plano regulamentado de um poder estatal cujo trabalho é dividido e centralizado como numa fábrica. A primeira revolução francesa, ao cumprir a tarefa de quebrar todos os poderes autônomos nos

* Paráfrase de Shakespeare, *Hamlet*, ato 1, cena 5: "*Well said, old mole!*" [Bem falado, velha toupeira!]. (N. T. I.)

níveis local, territorial, citadino e provincial, visando criar a unidade nacional burguesa, necessariamente desenvolveu o que a monarquia absoluta havia começado: a centralização e, junto com ela, o raio de ação, os atributos e os servidores do poder governamental. Napoleão aperfeiçoou essa máquina do Estado. Essa monarquia legítima e a Monarquia de Julho nada acrescentaram além de uma maior divisão do trabalho, que crescia na mesma proporção em que a divisão do trabalho no interior da sociedade burguesa criava novos grupos de interesse, ou seja, novo material para a administração estatal. Todo e qualquer interesse *comum* foi imediatamente desvinculado da sociedade e contraposto a ela como interesse mais elevado, *geral*, subtraído à atividade dos próprios membros da sociedade e transformado em objeto da atividade governamental, desde a ponte, o prédio escolar e o patrimônio comunal de um povoado até as ferrovias, o patrimônio nacional e a universidade nacional da França. A república parlamentar, por fim, na sua luta contra a revolução, viu-se obrigada a reforçar os meios e a centralização do poder do governo para implementar as medidas repressivas. Todas as revoluções somente aperfeiçoaram a máquina em vez de quebrá-la. Os partidos que lutaram alternadamente pelo poder consideraram a tomada de posse desse monstruoso edifício estatal como a parte do leão dos despojos do vencedor.

Porém, sob a monarquia absoluta, durante a primeira revolução, e sob Napoleão, a burocracia foi apenas o meio para preparar a dominação de classe por parte da burguesia. Sob a restauração, sob Luís Filipe e sob a república parlamentar, ela foi mero instrumento da classe dominante, por mais que ela também aspirasse poder próprio.

Pelo visto, foi somente sob o segundo Bonaparte que o Estado se tornou completamente independente. A máquina estatal consolidou-se de tal forma face à sociedade civil que como líder lhe basta o chefe da Sociedade 10 de Dezembro, um aventureiro vindo do exterior, posto no comando pela soldadesca embriagada que ele subornara com cachaça e linguiça e a qual precisa continuar suprindo com linguiças. Daí o desespero envergonhado, a sensação da mais terrível humilhação e degradação que oprime o peito da França e entrecorta a sua respiração. Ela se sente como que desonrada.

E, no entanto, o poder estatal não paira no ar. Bonaparte representa uma classe, mais precisamente, a classe mais numerosa da sociedade francesa: os *camponeses parceleiros* [*Parzellenbauern*].

Assim como os Bourbon constituíam a dinastia da grande propriedade fundiária e os Orléans a dinastia do dinheiro, os Bonaparte são a dinastia dos camponeses, isto é, da massa popular francesa. O escolhido dos camponeses não é o Bonaparte que se submeteu ao Parlamento burguês, mas o Bonaparte que pôs em fuga o Parlamento burguês. Durante três anos as cidades conseguiram falsificar o sentido da eleição de 10 de dezembro e ludibriar os camponeses no que se refere à restauração do Império. A eleição de 10 de dezembro de 1848 só foi consumada com o *coup d'état* de 2 de dezembro de 1851.

Os camponeses parceleiros constituem uma gigantesca massa, cujos membros vivem na mesma situação, mas não estabelecem relações diversificadas entre si. O seu modo de produção os isola uns dos outros, em vez de levá-los a um intercâmbio recíproco. O isolamento é favorecido pelos péssimos meios de comunicação franceses e pela pobreza dos camponeses. A sua unidade de produção, a parcela, não permite nenhuma divisão de trabalho no seu cultivo, nenhuma aplicação da ciência, portanto, nenhuma multiplicidade no seu desenvolvimento, nenhuma diversidade de talentos, nenhuma profusão de condições sociais. Cada família camponesa é praticamente autossuficiente, produzindo diretamente a maior parte do que consome e obtendo, assim, os seus meios de subsistência mais da troca com a natureza do que do intercâmbio com a sociedade. Há a parcela, o camponês e a família; mais adiante, outra parcela, outro camponês e outra família. Sessenta conjuntos desse tipo constituem um povoado; e sessenta povoados, um departamento. Assim, a grande massa da nação francesa se compõe por simples adição de grandezas homônimas, como batatas dentro de um saco constituem um saco de batatas. Milhões de famílias existindo sob as mesmas condições econômicas que separam o seu modo de vida, os seus interesses e a sua cultura do modo de vida, dos interesses e da cultura das demais classes, contrapondo-se a elas como inimigas, formam uma classe. Mas na medida em que existe um vínculo apenas local entre os parceleiros, na medida em que a identidade dos seus interesses não gera entre eles nenhum fator comum, nenhuma união nacional e nenhuma organização política, eles não constituem classe nenhuma. Por conseguinte, são incapazes de fazer valer os interesses da sua classe no seu próprio nome, seja por meio de um Parlamento, seja por meio de uma convenção. Eles não são capazes de representar a si mesmos, necessitando, portanto, ser representados. O seu representante precisa entrar em cena ao mesmo tempo como o seu senhor, como uma autoridade acima deles, como um poder governamental irrestrito, que os proteja das demais classes e lhes mande chuva e sol lá de cima. A expressão última da influência política dos camponeses parceleiros consiste, portanto, no fato de o Poder Executivo submeter a sociedade a si próprio.

A tradição histórica deu origem à crença milagrosa dos camponeses franceses de que um homem chamado Napoleão lhes devolveria a glória perdida. E apareceu um indivíduo alegando ser esse homem por portar o nome de Napoleão, em decorrência da seguinte prescrição do *Code Napoléon*: "*La recherche de la paternité est interdite*" [A investigação da paternidade é interdita]. Após vinte anos de vagabundagem e uma série de aventuras grotescas, cumpre-se a saga e o homem se torna imperador dos franceses. A ideia fixa do sobrinho se torna realidade porque coincidiu com a ideia fixa da classe mais numerosa entre os franceses.

Mas – alguém objetará – e as revoltas camponesas em meia França, as caçadas aos camponeses promovidas pelo exército, o encarceramento e a deportação em massa de camponeses?

Desde Luís XIV, a França não havia presenciado semelhante perseguição aos camponeses "por causa de intrigas demagógicas"*.

---

* Na Alemanha, o termo "demagogo" era usado para designar os integrantes de um movimento oposicionista formado por intelectuais. A designação se tornou corrente após a Conferência dos Ministros dos Estados Alemães, realizada em Karlsbad, em agosto de 1819, que emitiu uma resolução especial contra as intrigas dos "demagogos". (N. T. I.)

Porém, entenda-se bem. A dinastia Bonaparte não representa o camponês revolucionário, mas o camponês conservador; não o camponês que se projeta para além da condição social que garante a sua subsistência, ou seja, que se projeta para além da parcela, mas, antes, aquele que quer consolidá-la; não o povo do campo que quer subverter a velha ordem com a sua própria energia em aliança com as cidades, mas, pelo contrário, aquele que, apaticamente encerrado nessa velha ordem, quer ver a si mesmo posto a salvo e favorecido junto com a sua parcela pelo fantasma do Império. Essa dinastia não representa o esclarecimento, mas a superstição do camponês, não o seu parecer, mas o seu preconceito, não o seu futuro, mas o seu passado, não a sua moderna Cévennes[61], mas a sua moderna Vendée[62].

Os três anos do duro governo da república parlamentar já revoltaram e libertaram, ainda que superficialmente, uma parte dos camponeses franceses da ilusão napoleônica; porém, a burguesia os repelia com violência sempre que se punham em movimento. Sob a república parlamentar, a consciência moderna dos camponeses franceses entrou em conflito com a sua consciência tradicional. O processo se desdobrava na forma de uma luta incessante entre o mestre-escola e o padreco. A burguesia abateu os mestres-escolas. Pela primeira vez, os camponeses fizeram esforços no sentido de adotar um comportamento independente da atuação governamental. Isso ficou evidente no conflito contínuo entre os *maires* [prefeitos] e os funcionários do governo. A burguesia destituiu os *maires*. Por fim, durante o período da república parlamentar, os camponeses de diversas localidades sublevaram-se contra a sua própria criação, o exército. A burguesia puniu-os com

---

61 Cévennes é uma região montanhosa na província francesa de Languedoc, onde ocorreram, entre 1702 e 1705, as revoltas camponesas conhecidas como levantes dos "camisards", que começaram como forma de protesto contra a perseguição aos protestantes e acabaram assumindo um caráter abertamente antifeudal.

62 Vendée, um departamento no oeste da França, foi um centro das forças monarquistas durante a Revolução Francesa de 1789 a 1794. Em 1793, essas forças organizaram uma revolta contrarrevolucionária, apoiada pelo campesinato dessa região economicamente atrasada. A partir de então, a designação "Vendée" passou a ser sinônimo de atividade contrarrevolucionária.

estados de sítio e execuções. E essa mesma burguesia denuncia agora, em alta voz, a estupidez das massas, da *vile multitude* [do populacho vil] que a teria traído por Bonaparte. Ela própria consolidou à força o imperialismo da classe camponesa; foi ela que preservou as condições que formam o nascedouro dessa religião camponesa. De qualquer modo, a burguesia necessariamente temerá a estupidez das massas enquanto elas permanecerem conservadoras, e o discernimento das massas assim que elas se tornarem revolucionárias.

Nas revoltas posteriores ao *coup d'état*, uma parte dos camponeses franceses protestou de armas na mão contra o resultado do seu próprio voto em 10 de dezembro de 1848. As lições que receberam desde 1848 os deixaram mais espertos. O problema é que haviam se devotado ao submundo da história e esta exigiu que mantivessem a sua palavra; a maioria deles ainda estava tão embotada que, justamente nos departamentos mais vermelhos, a população camponesa votou abertamente a favor de Bonaparte. Na opinião dela, a Assembleia Nacional havia posto obstáculos ao avanço deste. Ele apenas quebrara os grilhões que as cidades haviam imposto à vontade do campo. Em alguns lugares, os camponeses até alimentavam a concepção grotesca de que, paralelamente a Napoleão, haveria uma Convenção.

A primeira revolução libertou os camponeses da semisservidão e os transformou em proprietários de terra livres. Napoleão consolidou e regulamentou as condições que lhes permitiriam explorar sossegados o território da França que recentemente havia caído em seu poder e expiar a cobiça juvenil por propriedade. Porém, o que acabaria com o camponês francês seria a sua própria parcela, a divisão do território, a forma de propriedade consolidada por Napoleão na França. São justamente as condições materiais que transformaram o camponês feudal francês em camponês parceleiro e Napoleão em imperador. Bastaram duas gerações para produzir o resultado inevitável: deterioração progressiva da agricultura, endividamento progressivo do agricultor. A forma de propriedade "napoleônica", que, no início do século XIX, constituiu a condição para a libertação e o enriquecimento da população camponesa da França, transformou-se, no decorrer desse mesmo século, na lei da sua escravidão e do seu pauperismo. E justamente essa lei é a primeira das "*idées napoléoniennes*" que o segundo Bonaparte defenderia. Ainda que ele, junto com os camponeses, continue alimentando a ilusão de que a razão da ruína destes não reside na propriedade parcelada em si, mas fora dela, na influência de circunstâncias secundárias, os seus experimentos acabarão estourando como bolhas de sabão em contato com as relações de produção.

O desenvolvimento econômico da propriedade parcelada desvirtuou desde a base a relação dos camponeses com as demais classes da sociedade. Sob Napoleão o parcelamento do território rural complementou a livre-concorrência e a grande indústria incipiente protagonizada pelas cidades. A classe camponesa constituía o protesto onipresente contra a aristocracia rural que acabara de ser derrubada. As raízes que a propriedade parcelada lançou no território francês privaram o feudalismo de todo e qualquer nutriente. Os seus marcos divisórios compunham a fortificação natural da burguesia contra qualquer ataque-surpresa dos seus antigos suseranos. Porém, no decorrer do século XIX, o lugar do senhor feudal foi ocupado pelo agiota citadino, a propriedade rural aristocrática foi substituída pelo capital burguês. A parcela do camponês se reduz a um pretexto que permite ao capitalista extrair lucro, juros e renda do campo e deixar que o próprio agricultor se arranje como puder para obter o salário do seu próprio trabalho. A dívida hipotecária que pesa sobre o território francês impõe ao campesinato um valor tão elevado de juros quanto a soma do juro anual de toda a dívida nacional britânica. Nessa escravização ao capital, para a qual inevitavelmente ruma o seu desenvolvimento, a propriedade parcelada transformou a massa da população francesa em trogloditas. Dezesseis milhões de camponeses (incluindo mulheres e crianças) se abrigam em cavernas, das quais grande parte possui apenas uma abertura, a outra parte, apenas duas aberturas e a mais favorecida, apenas três aberturas. As janelas são para uma casa o que os cinco sentidos são para a cabeça. A ordem burguesa, que no início do século colocou o Estado como sentinela para guardar a parcela recém-criada e a adubou com lauréis, transformou-se no vampiro que suga o sangue do seu coração e a medula do seu cérebro e os joga no caldeirão alquímico do capital. O *Code Napoléon* foi reduzido à condição de código de execução, de subastação e de leilões forçados. Aos 4 milhões (incluindo crianças etc.) de pobres, vagabundos, criminosos e prostituídos que a França computa oficialmente somam-se 5 milhões que se encontram à beira do abismo existencial e que ou se abrigam no próprio campo ou desertam constantemente com os seus andrajos e as suas crianças do campo para as cidades e das cidades para o campo. O interesse dos camponeses, portanto, não se encontra mais, como sob Napoleão, em consonância com os interesses da burguesia e do capital, mas em contradição com eles. Ou seja, eles descobrem o seu aliado e líder natural no *proletariado citadino*, cuja missão é a subversão da ordem burguesa. Porém, o *governo forte e irrestrito* – e esta é a segunda "*idée napoléonienne*" que o segundo Napoleão deverá concretizar – é convocado a defender pela força essa ordem "material". E essa "*ordre matériel*" [ordem material] é a palavra-chave que aparece em todas as proclamações de Bonaparte contra os camponeses revoltosos.

Ao lado da hipoteca que o capital lhe impõe, a parcela é onerada pelo *imposto*. O imposto é a fonte vital da burocracia, do exército, dos padrecos e da corte, em suma, de todo o aparato do Poder Executivo. Governo forte e imposto elevado são uma e a mesma coisa. Por sua própria natureza, a propriedade parcelada se presta bem como fundamento de uma burocracia onipotente e incontável. Ela cria um nível homogêneo de relações e pessoas em toda a superfície do país. Ela também permite, portanto, exercer uma ingerência homogênea sobre todos os pontos dessa massa homogênea a partir de um centro supremo. Ela desmantela os níveis aristocráticos intermediários entre a massa da população e o poder estatal. Ela provoca, portanto, de todos os lados a intervenção direta desse poder estatal e a interposição dos seus órgãos imediatos. Ela dá origem, por fim, a uma superpopulação ociosa, que não encontra lugar nem no campo nem nas cidades, buscando, em consequência, obter cargos estatais como uma espécie de esmola respeitável e provocando a criação de novos cargos estatais. Franqueando novos mercados a golpes de baioneta e pilhando o continente, Napoleão devolveu com juros o imposto compulsório. Este, que havia sido um estímulo à industriosidade do camponês, agora priva a sua industriosidade das últimas fontes de recursos e consuma a sua incapacidade de resistir ao pauperismo. E uma enorme burocracia, bem engalanada e bem nutrida, é de todas as "*idées napoléoniennes*" a que mais agrada ao segundo Bonaparte. E nem poderia ser diferente, porque ele é obrigado a criar, ao lado das classes reais da sociedade, uma casta artificial que possui um interesse existencial na preservação do seu regime. Por conseguinte, as suas primeiras operações financeiras foram conceder aumento de salário aos funcionários, restabelecendo o valor antigo, e criar novas sinecuras.

Outra "*idée napoléonienne*" é a dominação exercida pelos *padrecos* como expediente de governo. Porém, ao passo que a parcela recém-criada, em sua harmonia com a sociedade, em sua dependência das forças da natureza e em sua submissão à autoridade que a protegia a partir de cima, era naturalmente religiosa, a parcela corroída pela dívida, em conflito com a sociedade e a autoridade e forçada a superar a sua própria limitação é naturalmente irreligiosa. O céu era um belo complemento à estreita faixa de terra recém-adquirida, sobretudo porque ele proporcionava o clima; mas ele se torna um insulto quando é incutido como substituto da parcela. Nesse caso, o padreco nada mais é que o sabujo ungido da polícia terrena – outra "*idée napoléonienne*". A expedição contra Roma acontecerá da próxima vez na própria França, mas em sentido oposto ao do sr. de Montalembert.

Por fim, o ponto culminante das "*idées napoléoniennes*" é a preponderância do *exército*. O exército era o *point d'honneur* [questão de honra] dos camponeses parceleiros, eles próprios transformados em heróis, defendendo a sua nova possessão contra os de fora, glorificando a sua nacionalidade recém-conquistada, pilhando e revolucionando o mundo. O uniforme era o seu traje oficial, a guerra era a sua poesia, a pátria era a parcela ampliada e bem-acabada na imaginação e o patriotismo a forma ideal do senso de propriedade. Porém, os inimigos contra os quais o camponês francês tem de defender a sua propriedade não são mais os cossacos, e sim os *huissiers* [oficiais de justiça] e os funcionários do fisco. A parcela não se localiza mais na assim chamada pátria, mas no registro de hipotecas. O próprio exército não é mais a fina flor da juventude camponesa; ele é a flor palustre do lumpemproletariado camponês, composto em sua maior parte de *remplaçants*, de suplentes, assim como o próprio segundo Bonaparte é um mero *remplaçant*, suplente de Napoleão. Os feitos heroicos desse exército consistem agora em caçar camponeses como se estes fossem veados e em prestar o serviço de gendarme; e, quando as contradições internas do seu sistema obrigarem o chefe da Sociedade 10 de Dezembro a cruzar as fronteiras francesas, o seu exército, após alguns atos de banditismo, colherá açoites em vez de lauréis.

É evidente: *todas as "idées napoléoniennes" são ideias vinculadas à parcela ainda não desenvolvida, no viço da sua juventude*, mas representam um contrassenso para a parcela já mais avançada em dias. Elas são agora meras alucinações da sua agonia, palavras transformadas em fraseologia, espíritos transformados em fantasmas. No entanto, a paródia do imperialismo foi necessária para libertar a massa da nação francesa da impetuosidade da tradição e elaborar com toda clareza a contradição entre o poder estatal e a sociedade. Com a corrosão progressiva da propriedade parcelada desaba o edifício estatal construído sobre ela. A centralização estatal de que carece a sociedade moderna acaba se erguendo sobre as ruínas da máquina governamental burocrático-militar que havia sido forjada na contraposição ao feudalismo*.

---

* Na primeira edição (Nova York, 1852), este parágrafo terminava com as seguintes linhas, omitidas por Marx em 1869: "O esfacelamento da máquina estatal não porá em perigo a centralização. A burocracia é apenas a forma vil e brutal de uma centralização ainda marcada pelo seu contrário, o feudalismo. Perdendo a esperança depositada na restauração napoleônica, o camponês francês despede-se da fé em sua parcela, todo o edifício estatal construído sobre essa parcela desaba e *a revolução proletária recebe o coro, sem o qual o seu canto solo se transforma em lamento fúnebre em todas as nações camponesas*". (N. T.)

A situação dos camponeses franceses nos permite decifrar o enigma das *eleições gerais de 20 e 21 de dezembro*, que levaram o segundo Bonaparte ao Monte Sinai, não para receber leis, mas para promulgá-las.

A burguesia, pelo visto, não tinha outra alternativa senão eleger Bonaparte. Quando, no Concílio de Constança, os puritanos se queixaram da vida depravada dos papas e reclamaram a necessidade de uma reforma dos costumes, o cardeal Pierre d'Ailly bradou-lhes: "O único que ainda pode salvar a Igreja católica é o diabo em pessoa e vós rogais por anjos". Assim também bradou a burguesia francesa após o *coup d'état*: o único que ainda pode salvar a sociedade burguesa é o chefe da Sociedade 10 de Dezembro! Só o roubo pode salvar a propriedade, só o perjúrio pode salvar a religião, só a bastardia, a família, só a desordem, a ordem!

Na condição de Poder Executivo que se tornou independente, Bonaparte sente-se chamado a assegurar a "ordem burguesa". Todavia, o segmento forte dessa ordem burguesa é a classe média. Por conseguinte, ele se percebe como representante da classe média e promulga decretos nesse sentido. Contudo, ele só é algo por ter quebrado e por continuar quebrando diariamente o poder político dessa camada intermediária. Consequentemente, ele está ciente de que é adversário do poder político e literário da classe média. Contudo, protegendo o seu poder material, ele provoca o ressurgimento do seu poder político. Por essa razão, a causa deve ser mantida com vida, mas o efeito deve ser eliminado da face da terra onde quer que se manifeste. Não é possível fazer isso sem provocar leves confusões entre causa e efeito, já que, em sua inter-relação, ambas perdem as suas características distintivas. Novos decretos que tornam difusa a linha limítrofe. Bonaparte está igualmente ciente de ser, frente à burguesia, o representante dos camponeses e do povo em geral, aquele que, dentro da sociedade burguesa, quer agradar as classes mais baixas da população. Novos decretos que logram de antemão os "verdadeiros socialistas" em sua sabedoria de governo. Porém, Bonaparte está ciente sobretudo de ser o chefe da Sociedade 10 de Dezembro, de ser o representante do lumpemproletariado, do qual fazem parte ele próprio, a sua *entourage* [entorno, cortejo], o seu governo e o seu exército, e que está interessado antes de tudo em passar bem e tirar prêmios californianos do tesouro estatal. E ele se confirma como chefe da Sociedade 10 de Dezembro com decretos, sem decretos e apesar dos decretos.

Essa missão cheia de contradições de que esse homem foi incumbido explica as contradições do seu governo, o tatear obscuro de um lado para o outro, que ora procura obter o apoio desta ou daquela classe, ora procura humilhar esta ou aquela classe, fazendo com que todos se voltem igualmente contra ele, cuja insegurança na prática provoca um contraste extremamente cômico com o estilo imperioso e categórico dos atos governamentais, que é copiado fielmente do tio.

Pretende-se que a indústria e o comércio, ou seja, os negócios da classe média, floresçam sob o governo forte como se estivessem sendo cultivados em viveiros. Fazem-se inúmeras concessões de ferrovias. Porém, o lumpemproletariado bonapartista também quer enriquecer. Ocorre *tripotage* [manipulação] das concessões de ferrovias na bolsa de valores por parte dos que receberam informações privilegiadas. Mas não aparece nenhum capital para as ferrovias. Leva-se o banco a assumir o compromisso de fazer adiantamentos em troca de ações de ferrovias. Porém, pretende-se, ao mesmo tempo, explorar o banco para fins pessoais e, por isso, ele precisa ser bajulado. Dispensa-se o banco do dever de publicar os seus relatórios financeiros semanalmente. Contrato leonino[63] do banco com o governo. O plano era colocar o povo para trabalhar. Decreta-se a realização de obras públicas. Mas as obras públicas aumentam os impostos cobrados do povo. Portanto, reduzem-se os impostos através de um golpe nos *rentiers* [investidores], ou seja, pela conversão dos títulos a 5% para títulos a 4,5%. Porém, a classe média precisa receber mais um *douceur* [doce, agrado]. Portanto, dobra-se o valor do imposto do vinho para o povo que o compra *en détail* [no varejo] e reduz-se o imposto pela metade para a classe média que o bebe *en gros* [no atacado]. Dissolvem-se as

---

63 Referência a uma fábula de Esopo na qual o leão sela um acordo em que uma das partes recebe todas as vantagens e a outra arca com todos os prejuízos.

associações de trabalhadores concretas, mas prometem-se milagres de futuras associações. Resolve-se ajudar os camponeses. Criam-se bancos hipotecários que aceleram o seu endividamento e a concentração da propriedade. Mas resolve-se utilizar esses bancos para extrair dinheiro dos bens confiscados à casa de Orléans. Nenhum capitalista está disposto a aceitar essa condição, que nem mesmo consta no decreto, e o banco hipotecário não sai do papel etc. etc.

Bonaparte gostaria de ser encarado como o benfeitor patriarcal de todas as classes. Mas ele não tem como dar a um sem tirar do outro. Assim como na época da fronda[64] se disse a respeito do conde de Guise que ele seria o homem mais prestativo da França por ter transformado todos os seus bens em obrigações dos seus adeptos para com ele, assim também Bonaparte quer ser o homem mais prestativo da França e transformar toda a propriedade e todo o trabalho da França em obrigação pessoal para com ele. Ele gostaria de roubar toda a França para dá-la de presente à França ou, melhor, para poder comprar a França de volta com dinheiro francês, porque, na condição de chefe da Sociedade 10 de Dezembro, ele deve poder pagar pelo que pretende possuir. E o instituto da compra passa a ser integrado por todas as instituições do Estado: o Senado, o Conselho de Estado, o Legislativo, a Legião de Honra, as medalhas militares, os banhos públicos, os prédios públicos, as ferrovias, o *état-major* [Estado-maior] da Guarda Nacional sem comuna, os bens confiscados da casa de Orléans. Meio de compra é todo e qualquer posto no exército e na máquina governamental. Mas o mais importante nesse processo de tirar da França para dar à França são as porcentagens que sobram para a cabeça e os membros da Sociedade 10 de Dezembro durante esse trâmite. O gracejo com que a condessa L., amante do sr. de Morny, caracterizou o confisco dos bens de Orléans: "*C'est le premier vol*[65] *de l'aigle*" [É o voo/roubo inaugural da águia] se aplica a cada voo dessa *águia*, que é, antes, um *corvo*. Ele próprio e os seus asseclas gritam diariamente uns para os outros como

---

64 Cf. nota 23.

65 Jogo de palavras: *vol* significa tanto "voo" quanto "roubo".

aquele cartuxo gritou para o avarento que ostensivamente enumerava os bens com os quais ainda poderia se alimentar durante muitos anos: *"Tu fai conto sopra i beni, bisogna prima far il conto sopra gli anni"**. Para não se enganarem fazendo a conta em anos, eles fazem a conta em minutos. A corte, os ministérios, os cargos de chefia da administração e do exército são assediados e tomados por um bando de indivíduos, sendo que a respeito do melhor deles se pode dizer que não se sabe de onde vem; trata-se de uma boemia barulhenta, mal-afamada e predadora que rasteja em vestes engalanadas com a mesma postura elegante dos altos dignitários de Soulouque. Pode-se ter uma boa noção dessas camadas superiores da Sociedade 10 de Dezembro quando se pondera que *Véron-Crevel*[66] é o seu pregador moral e *Granier de Cassagnac* é o seu pensador. Quando Guizot, na época do seu ministério, utilizou esse Granier em um panfleto contra a oposição dinástica, costumava elogiá-lo com a seguinte formulação: "*C'est le roi des drôles*" [É o rei dos bobos]. Perderia a razão quem, referindo-se à corte e à camarilha de Luís Bonaparte, lembrasse a regência ou Luís XV[67], pois "muitas vezes a França já vivenciou um governo de amantes, mas nunca um governo de *hommes entretenus* [homens sendo sustentados]"[68].

Impelido pelas exigências contraditórias dessa situação e, ao mesmo tempo, como um ilusionista sentindo-se na obrigação de apresentar constantes surpresas para manter os olhos do público fixos nele, ou seja, de realizar todo dia um novo golpe de Estado *en miniature*, Bonaparte, o suplente de Napoleão, esculhamba toda a economia burguesa, toca em tudo que parecia intocável para a revolução de 1848, deixa uns aguardando a revolução com paciência e outros com vontade de fazer a revolução e gera a pura anarquia em nome da

* Fazes a conta baseado nos bens, mas deverias primeiro fazer a conta baseado nos anos. (N. T.)

66 Em Cousine Bette, Balzac retrata o filisteu parisiense por excelência por meio do personagem Crevel, o qual concebeu inspirado no doutor Véron, dono do jornal *Constitutionnel*.

67 Alusão à regência de Filipe de Orléans de 1715 a 1723, durante a menoridade de Luís XV.

68 Palavras da sra. Girardin.

ordem, enquanto simultaneamente despe toda a máquina do Estado da sua aura de santidade, profanando-a, tornando-a ao mesmo tempo asquerosa e ridícula. O culto à túnica sagrada de Trier* é reeditado por ele em Paris na forma do culto ao manto imperial de Napoleão. Porém, quando o manto imperial finalmente cair sobre os ombros de Luís Bonaparte, a estátua de bronze de Napoleão despencará do alto da coluna de Vendôme[69].

---

* Relíquia exibida pela catedral católica de Trier, veste sem costuras supostamente usada por Cristo, da qual teria sido despido durante a sua crucificação. (N. T. I.)

[69] A coluna de Vendôme encimada por uma estátua de Napoleão I foi erigida na Praça de Vendôme, em Paris, como tributo às vitórias militares do ano de 1805. No ano de 1863, Napoleão III mandou tirar o monumento a Napoleão I com o chapéu napoleônico e a capa militar e substituí-la por uma estátua dotada de toda a pompa imperial. Em maio de 1871, por ordem da Comuna de Paris, a coluna foi destruída como símbolo do militarismo e do chauvinismo.

ÍNDICE ONOMÁSTICO

afortunado por seu grande poder e autoridade, o tirano propôs-lhe trocar de lugar com ele por um dia, para que ele pudesse desfrutar um pouco dessa condição privilegiada. À noite, durante um banquete, Dâmocles olhou para cima e viu uma espada suspensa diretamente sobre sua cabeça, presa por um único fio de rabo de cavalo. Isso o fez renunciar imediatamente a seu posto. A expressão "espada de Dâmocles" se refere, assim, à insegurança que sempre acompanha aqueles que ocupam postos de grande poder. p. 82

d'Angely, Michel Regnault de Saint Jean, (1760-1819) – General francês, bonapartista, ministro da Guerra. p. 104

Danton, Georges Jacques (1759-1794) – Uma das mais importantes personalidades da Revolução Francesa, pertencente à ala moderada dos jacobinos. p. 25, 26

d'Azy, Denis Benoist (1796-1880) – Político e industrial francês, legitimista. Participou do processo revolucionário de 1789 e representou a maioria monarquista na Assembleia Legislativa de 1848. p. 109, 116

Desmoulins, Camille (1760-1794) – Jornalista, advogado e político francês, personalidade da Revolução Francesa. Era próximo de Robespierre. p. 26

d'Hautpoul, Alphonse Henri, conde (1789-1865) – General francês legitimista. Posteriormente, tornou-se bonapartista. Foi ministro da Guerra (1849-1850). p. 77, 78, 83, 94, 95, 97

d'Hilliers, Achille Baraguay (1795-1878) – General francês. Durante a Segunda República, foi deputado nas assembleias Constituinte e Legislativa. Em 1851 comandou a guarnição de Paris. Tornou-se bonapartista. p. 104, 119

Duchâtel, Charles Marie Tanneguy (1803-1867) – Político francês. Por sua amizade com François Guizot, profundamente impopular no período da formação da Segunda República, mudou-se para a Inglaterra e, após seu retorno, retirou-se da vida política. p. 117

Dupin, André Marie Jean Jacques (1783-1865) – Jurista e político francês, orleanista, presidente da Assembleia Legislativa (1849-1851). Posteriormente, tornou-se bonapartista. p. 93, 98, 99

Duprat, Pierre-Pascal (1815-1885) – Jornalista francês republicano. Durante a Segunda República, foi deputado nas assembleias Constituinte e Legislativa, atuando contra Luís Bonaparte. p. 101, 102

Falloux, Frédéric Alfred Pierre, conde de (1811-1886) – Político francês legitimista e clerical. Em 1848, deu início à dissolução das oficinas nacionais e inspirou a repressão contra a Insurreição de Junho em Paris. Foi também ministro da Educação (1848-1849). p. 57, 75, 76, 118, 120

Faucher, Léon (1803-1854) – Político francês, orleanista e economista malthusiano. Foi ministro do Interior. Mais tarde, tornou-se bonapartista. p. 84, 110, 118

Flotte, Paul-Louis de (1817-1860) – Serviu na marinha e realizou várias expedições científicas. Partidário de Fourier. Após a revolução de fevereiro, foi um dos oradores mais influentes do grupo dos blanquistas. Participou da Insurreição de Junho de 1848. p. 83

Fould, Achille (1800-1867) – Banqueiro francês, orleanista. Mais tarde, tornou-se bonapartista. Entre 1849 e 1867, foi ministro das Finanças por diversas vezes. p. 78, 104, 110, 121

Girardin, Delphine de (1804-1855) – Escritora francesa, esposa de Emile de Girardin. p. 153

Girardin, Émile de (1806-1881) – Jornalista e político francês, redator do jornal *La Presse*. Antes da revolução de 1848 integrava a oposição ao governo de Guizot. Foi deputado na Assembleia Legislativa (1850-1851) e, mais tarde, bonapartista. p. 102

Luís XIV (1638-1715) – Rei da França (1643-1715). Conhecido por gastar extravagantemente as finanças francesas em graves períodos de crise. Construiu o palácio de Versalhes e fortaleceu o exército francês. p. 143

Luís XV (1710-1774) – Rei da França (1715-1774). Como tinha apenas cinco anos quando o trono ficou vago após a morte de Luís XIV, até que completasse a maioridade a França foi governada por dois regentes. p. 153

Luís XVIII (1755-1824) – Rei da França (1814-1815 e 1815-1824). Seu reinado foi interrompido por curto período pelo retorno de Napoleão ao poder em 1815. Sob sua administração, ocorreu o período conhecido como "Restauração". p. 27

Lutero, Martinho (1483-1546) – Personalidade da Reforma Protestante, fundador do protestantismo na Alemanha. p. 26

Magnan, Bernard-Pierre (1791-1865) – Marechal francês, bonapartista. Um dos organizadores do golpe de Estado de 2 de dezembro de 1851. p. 119, 130, 133

Maleville, Léon (1803-1879) – Político francês, orleanista. Durante a Segunda República, foi deputado nas assembleias Constituinte e Legislativa e, na segunda metade de dezembro de 1848, ministro do Interior. p. 109

Marrast, Armand (1801-1852) – Político francês, um dos dirigentes dos republicanos moderados. Redator do jornal *Le National.* Em 1848, foi membro do Governo provisório e presidente da Câmara de Paris. Presidente da Assembleia Constituinte (1848-1849). p. 27, 41, 52, 53

Masaniello [Tomaso Aniello] (1620-1647) – Pescador e chefe de uma insurreição popular em Nápoles, em 1647, contra o domínio espanhol. p. 132

Mauguin, François (1785-1854) – Jurista francês. Antes de 1848, um dos chefes da oposição dinástica liberal. Durante a Segunda República, deputado nas assembleias Constituinte e Legislativa. p. 98, 99

Maupas, Charlemagne Emile (1818-1888) – Advogado francês bonapartista, chefe da polícia de Paris (1851). Um dos organizadores do golpe de Estado de 2 de dezembro de 1851. Foi ministro da Polícia (1852-1853). p. 130

Molé, Louis-Mathieu, conde (1781-1855) – Estadista francês, orleanista, primeiro-ministro (1836-1837 e 1837-1839). Durante a Segunda República, foi deputado nas assembleias Constituinte e Legislativa. p. 83, 118

Monk, George (1608-1670) – General inglês. Colaborou ativamente na restauração da monarquia na Inglaterra em 1660. p. 94

Montalembert, Charles-Forbes-René, conde de (1810-1870) – Jornalista, historiador e político francês. Durante a Segunda República, foi deputado nas assembleias Constituinte e Legislativa. Foi orleanista e chefe do partido católico. p. 106, 118, 148

Morny, Charles Auguste Louis Joseph, conde de (1811-1865) – Político francês bonapartista, deputado na Assembleia Legislativa (1849-1851) e um dos organizadores do golpe de Estado de 2 de dezembro de 1851. Ministro do Interior de dezembro de 1851 a janeiro de 1852. p. 152

Napoleão I [Napoleão Bonaparte] (1769-1821) – Governante efetivo da França a partir de 1799 e imperador de 1804 a 1814. p. 18, 26, 27, 28, 92, 133, 138, 141, 147, 148, 149, 153, 154

Sainte-Beuve, Pierre Henri (1819-1855) – Fabricante e latifundiário francês. Durante a Segunda República, foi deputado das assembleias Constituinte e Legislativa e representante do Partido da Ordem. p. 122

Saint-Just, Louis Antoine (1767-1794) – Personalidade da Revolução Francesa, um dos líderes dos jacobinos. p. 26

Saint-Priest, Emmanuel Louis Marie, visconde de (1789-1881) – General e diplomata francês, legitimista. Foi deputado na Assembleia Legislativa (1849-1851). p. 116

Sallandrouze, Charles Jean (1808-1867) – Industrial francês, bonapartista. Deputado na Assembleia Constituinte (1848-1849). p. 133

Salvandy, Narcisse-Achille, conde de (1795-1856) – Estadista e escritor francês, orleanista. Ministro da Educação (1837-1839 e 1845-1848). p. 116

Say, Jean Baptiste (1767-1832) – Economista francês, entusiasta das ideias iluministas e fortemente influenciado por Adam Smith. p. 26

Schramm, Jean Paul Adam (1789-1884) – General e político francês, bonapartista. Ministro da Guerra (1850-1851). p. 95

Sismondi, Jean Charles Léonard Simonde de (1773-1842) – Economista suíço, crítico pequeno-burguês do capitalismo. p. 19

Sue, Eugène (1804-1857) – Escritor francês, deputado na Assembleia Legislativa (1850-1851). p. 84

Thiers, Adolphe (1797-1817) – Historiador e estadista francês, orleanista. Deputado na Assembleia Legislativa (1849-1851). Foi presidente da República (1871-1873) e atuou na repressão da Comuna de Paris. p. 53, 62, 65, 69, 83, 106, 117, 118, 119, 122, 125, 128, 131, 133

Thorigny, Pierre-François Leuillon de (1798-1869) – Jurista francês, bonapartista. Em 1834, defendeu a causa dos participantes na Insurreição de Abril de Lyon. Ministro do Interior (1851). p. 130

Tocqueville, Alexis-Charles-Henri de (1805-1859) – Historiador e político francês, legitimista. Durante a Segunda República, foi deputado nas assembleias Constituinte e Legislativa e, entre junho e outubro de 1849, ministro dos Negócios Estrangeiros. p. 118

Vaïsse, Claude-Marius (1799-1864) – Estadista francês, bonapartista. Ministro do Interior (de janeiro a abril de 1851). p. 108, 109

Vatimesnil, Antoine (1789-1860) – Político francês, legitimista, deputado na Assembleia Legislativa (1849-1851). p. 109

Véron, Louis Désiré (1798-1867) – Político e jornalista francês, bonapartista. Foi proprietário do jornal *Le Constitutionel*. p. 153

Vidal, François (1812-1872) – Socialista, secretário geral da Comissão de Luxemburgo de 1848. Em colaboração com Pecqueur, redigiu o relatório dessa comissão. Eleito para a Assembleia Legislativa nas eleições de 10 de março de 1850. p. 84

Vieyra [Joseph Henry Vieyra-Molina] (1804-1889) – Coronel francês, bonapartista, participante ativo no golpe de Estado de 2 de dezembro de 1851. p. 70

Villèle, Jean Baptiste Séraphin Joseph (1773-1854) – Estadista francês, legitimista. Primeiro-ministro da França (1822-1828). p. 118

CRONOLOGIA RESUMIDA

	Karl Marx	**Friedrich Engels**
1818	Em Trier (capital da província alemã do Reno), nasce Karl Marx (5 de maio), o segundo de oito filhos de Heinrich Marx e de Enriqueta Pressburg. Trier na época era influenciada pelo liberalismo revolucionário francês e pela reação ao Antigo Regime, vinda da Prússia.	
1820		Nasce Friedrich Engels (28 de novembro), primeiro dos oito filhos de Friedrich Engels e Elizabeth Franziska Mauritia van Haar, em Barmen, Alemanha. Cresce no seio de uma família de industriais religiosa e conservadora.
1824	O pai de Marx, nascido Hirschel, advogado e conselheiro de Justiça, é obrigado a abandonar o judaísmo por motivos profissionais e políticos (os judeus estavam proibidos de ocupar cargos públicos na Renânia). Marx entra para o Ginásio de Trier (outubro).	
1830	Inicia seus estudos no Liceu Friedrich Wilhelm, em Trier.	
1834		Engels ingressa, em outubro, no Ginásio de Elberfeld.
1835	Escreve *Reflexões de um jovem perante a escolha de sua profissão*. Presta exame final de bacharelado em Trier (24 de setembro). Inscreve-se na Universidade de Bonn.	
1836	Estuda Direito na Universidade de Bonn. Participa do Clube de Poetas e de associações de estudantes. No verão, fica noivo em segredo de Jenny von Westphalen, sua vizinha em Trier. Em razão da oposição entre as famílias, casar-se-iam apenas sete anos depois. Matricula-se na Universidade de Berlim.	Na juventude, fica impressionado com a miséria em que vivem os trabalhadores das fábricas de sua família. Escreve *Poema*.

Cronologia resumida

	Karl Marx	Friedrich Engels
1837	Transfere-se para a Universidade de Berlim e estuda com mestres como Gans e Savigny. Escreve *Canções selvagens* e *Transformações*. Em carta ao pai, descreve sua relação contraditória com o hegelianismo, doutrina predominante na época.	Por insistência do pai, Engels deixa o ginásio e começa a trabalhar nos negócios da família. Escreve *História de um pirata*.
1838	Entra para o Clube dos Doutores, encabeçado por Bruno Bauer. Perde o interesse pelo Direito e entrega-se com paixão ao estudo da Filosofia, o que lhe compromete a saúde. Morre seu pai.	Estuda comércio em Bremen. Começa a escrever ensaios literários e sociopolíticos, poemas e panfletos filosóficos em periódicos como o *Hamburg Journal* e o *Telegraph für Deutschland*, entre eles o poema "O beduíno" (setembro), sobre o espírito da liberdade.
1839		Escreve o primeiro trabalho de envergadura, *Briefe aus dem Wupperthal* [Cartas de Wupperthal], sobre a vida operária em Barmen e na vizinha Elberfeld (*Telegraph für Deutschland*, primavera). Outros viriam, como *Literatura popular alemã*, *Karl Beck* e *Memorabilia de Immermann*. Estuda a filosofia de Hegel.
1840	K. F. Koeppen dedica a Marx o seu estudo *Friedrich der Grosse und seine Widersacher* [Frederico, o Grande, e seus adversários].	Engels publica *Réquiem para o Aldeszeitung alemão* (abril), *Vida literária moderna*, no *Mitternachtzeitung* (março-maio) e *Cidade natal de Siegfried* (dezembro).
1841	Com uma tese sobre as diferenças entre as filosofias de Demócrito e Epicuro, Marx recebe em Iena o título de doutor em Filosofia (15 de abril). Volta a Trier. Bruno Bauer, acusado de ateísmo, é expulso da cátedra de Teologia da Universidade de Bonn, com isso Marx perde a oportunidade de atuar como docente nessa universidade.	Publica *Ernst Moritz Arndt*. Seu pai o obriga a deixar a escola de comércio para dirigir os negócios da família. Engels prosseguiria sozinho seus estudos de filosofia, religião, literatura e política. Presta o serviço militar em Berlim por um ano. Frequenta a Universidade de Berlim como ouvinte e conhece os jovens hegelianos. Critica intensamente o conservadorismo na figura de Schelling, com os escritos *Schelling em Hegel*, *Schelling e a revelação* e *Schelling, filósofo em Cristo*.
1842	Elabora seus primeiros trabalhos como publicista. Começa a colaborar com o jornal *Rheinische Zeitung* [Gazeta Renana], publicação da burguesia em Colônia, do qual mais tarde seria redator. Conhece Engels, que na ocasião visitava o jornal.	Em Manchester assume a fiação do pai, a Ermen & Engels. Conhece Mary Burns, jovem trabalhadora irlandesa, que viveria com ele até a morte. Mary e a irmã Lizzie mostram a Engels as dificuldades da vida operária, e ele inicia estudos sobre os efeitos do capitalismo no operariado inglês. Publica artigos no *Rheinische Zeitung*, entre eles "Crítica às leis de imprensa prussianas" e "Centralização e liberdade".

	Karl Marx	**Friedrich Engels**
1843	Sob o regime prussiano, é fechado o *Rheinische Zeitung*. Marx casa-se com Jenny von Westphalen. Recusa convite do governo prussiano para ser redator no diário oficial. Passa a lua de mel em Kreuznach, onde se dedica ao estudo de diversos autores, com destaque para Hegel. Redige os manuscritos que viriam a ser conhecidos como *Crítica da filosofia do direito de Hegel* [*Zur Kritik der Hegelschen Rechtsphilosophie*]. Em outubro vai a Paris, onde Moses Hess e George Herwegh o apresentam às sociedades secretas socialistas e comunistas e às associações operárias alemãs. Conclui *Sobre a questão judaica* [*Zur Judenfrage*]. Substitui Arnold Ruge na direção dos *Deutsch-Französische Jahrbücher* [Anais Franco-Alemães]. Em dezembro inicia grande amizade com Heinrich Heine e conclui sua "Crítica da filosofia do direito de Hegel – Introdução" [*Zur Kritik der Hegelschen Rechtsphilosophie – Einleitung*]	Engels escreve, com Edgar Bauer, o poema satírico "Como a Bíblia escapa milagrosamente a um atentado impudente ou O triunfo da fé", contra o obscurantismo religioso. O jornal *Schweuzerisher Republicaner* publica suas "Cartas de Londres". Em Bradford, conhece o poeta G. Weerth. Começa a escrever para a imprensa cartista. Mantém contato com a Liga dos Justos. Ao longo desse período, suas cartas à irmã favorita, Marie, revelam seu amor pela natureza e por música, livros, pintura, viagens, esporte, vinho, cerveja e tabaco.
1844	Em colaboração com Arnold Ruge, elabora e publica o primeiro e único volume dos *Deutsch-Französische Jahrbücher*, no qual participa com dois artigos: "A questão judaica" e "Introdução a uma crítica da filosofia do direito de Hegel". Escreve os *Manuscritos econômico-filosóficos* [*Ökonomisch-philosophische Manuskripte*]. Colabora com o *Vorwärts!* [Avante!], órgão de imprensa dos operários alemães na emigração. Conhece a Liga dos Justos, fundada por Weitling. Amigo de Heine, Leroux, Blanc, Proudhon e Bakunin, inicia em Paris estreita amizade com Engels. Nasce Jenny, primeira filha de Marx. Rompe com Ruge e desliga-se dos *Deutsch-Französische Jahrbücher*. O governo decreta a prisão de Marx, Ruge, Heine e Bernays pela colaboração nos *Deutsch-Französische Jahrbücher*. Encontra Engels em Paris e em dez dias planejam seu primeiro trabalho juntos, *A sagrada família* [*Die heilige Familie*]. Marx publica no *Vorwärts!* artigo sobre a greve na Silésia.	Em fevereiro, Engels publica *Esboço para uma crítica da economia política* [*Umrisse zu einer Kritik der Nationalökonomie*], texto que influenciou profundamente Marx. Segue à frente dos negócios do pai, escreve para os *Deutsch-Französische Jahrbücher* e colabora com o jornal *Vorwärts!*. Deixa Manchester. Em Paris torna-se amigo de Marx, com quem desenvolve atividades militantes, o que os leva a criar laços cada vez mais profundos com as organizações de trabalhadores de Paris e Bruxelas. Vai para Barmen.
1845	Por causa do artigo sobre a greve na Silésia, a pedido do governo prussiano Marx é expulso da França, juntamente com Bakunin, Bürgers e Bornstedt. Muda-se para Bruxelas e, em colaboração com Engels, escreve e publica em Frankfurt *A sagrada família*. Ambos começam a	As observações de Engels sobre a classe trabalhadora de Manchester, feitas anos antes, formam a base de uma de suas obras principais, *A situação da classe trabalhadora na Inglaterra* [*Die Lage der arbeitenden Klasse in England*] (publicada primeiramente em

	Karl Marx	**Friedrich Engels**
	escrever *A ideologia alemã* [*Die deutsche Ideologie*] e Marx elabora "As teses sobre Feuerbach" [*Thesen über Feuerbach*]. Em setembro nasce Laura, segunda filha de Marx e Jenny. Em dezembro, ele renuncia à nacionalidade prussiana.	alemão; a edição seria traduzida para o inglês 40 anos mais tarde). Em Barmen organiza debates sobre as ideias comunistas junto com Hess e profere os *Discursos de Elberfeld*. Em abril sai de Barmen e encontra Marx em Bruxelas. Juntos, estudam economia e fazem uma breve visita a Manchester (julho e agosto), onde percorrem alguns jornais locais, como o *Manchester Guardian* e o *Volunteer Journal for Lancashire and Cheshire*. Lançada *A situação da classe trabalhadora na Inglaterra*, em Leipzig. Começa sua vida em comum com Mary Burns.
1846	Marx e Engels organizam em Bruxelas o primeiro Comitê de Correspondência da Liga dos Justos, uma rede de correspondentes comunistas em diversos países, a qual Proudhon se nega a integrar. Em carta a Annenkov, Marx critica o recém-publicado *Sistema das contradições econômicas ou Filosofia da miséria* [*Système des contradictions économiques ou Philosophie de la misère*], de Proudhon. Redige com Engels a *Zirkular gegen Kriege* [Circular contra Kriege], crítica a um alemão emigrado dono de um periódico socialista em Nova York. Por falta de editor, Marx e Engels desistem de publicar *A ideologia alemã* (a obra só seria publicada em 1932, na União Soviética). Em dezembro nasce Edgar, o terceiro filho de Marx.	Seguindo instruções do Comitê de Bruxelas, Engels estabelece estreitos contatos com socialistas e comunistas franceses. No outono, ele se desloca para Paris com a incumbência de estabelecer novos comitês de correspondência. Participa de um encontro de trabalhadores alemães em Paris, propagando ideias comunistas e discorrendo sobre a utopia de Proudhon e o socialismo real de Karl Grün.
1847	Filia-se à Liga dos Justos, em seguida nomeada Liga dos Comunistas. Realiza-se o primeiro congresso da associação em Londres (junho), ocasião em que se encomenda a Marx e Engels um manifesto dos comunistas. Eles participam do congresso de trabalhadores alemães em Bruxelas e, juntos, fundam a Associação Operária Alemã de Bruxelas. Marx é eleito vice-presidente da Associação Democrática. Conclui e publica a edição francesa de *Miséria da filosofia* [*Misère de la philosophie*] (Bruxelas, julho).	Engels viaja a Londres e participa com Marx do I Congresso da Liga dos Justos. Publica *Princípios do comunismo* [*Grundsätze des Kommunismus*], uma "versão preliminar" do *Manifesto Comunista* [*Manifest der Kommunistischen Partei*]. Em Bruxelas, junto com Marx, participa da reunião da Associação Democrática, voltando em seguida a Paris para mais uma série de encontros. Depois de atividades em Londres, volta a Bruxelas e escreve, com Marx, o *Manifesto Comunista*.
1848	Marx discursa sobre o livre-cambismo numa das reuniões da Associação Democrática. Com Engels publica, em Londres (fevereiro), o *Manifesto Comunista*. O governo revolucionário francês, por meio de Ferdinand Flocon, convida Marx a morar em Paris depois que o governo belga o expulsa de Bruxelas.	Expulso da França por suas atividades políticas, chega a Bruxelas no fim de janeiro. Juntamente com Marx, toma parte na insurreição alemã, de cuja derrota falaria quatro anos depois em *Revolução e contrarrevolução na Alemanha* [*Revolution und Konterevolution in Deutschland*]. Engels

	Karl Marx	Friedrich Engels
	Redige com Engels "Reivindicações do Partido Comunista da Alemanha" [*Forderungen der Kommunistischen Partei in Deutschland*] e organiza o regresso dos membros alemães da Liga dos Comunistas à pátria. Com sua família e com Engels, muda-se em fins de maio para Colônia, onde ambos fundam o jornal *Neue Rheinische Zeitung* [Nova Gazeta Renana], cuja primeira edição é publicada em 1º de junho com o subtítulo *Organ der Demokratie*. Marx começa a dirigir a Associação Operária de Colônia e acusa a burguesia alemã de traição. Proclama o terrorismo revolucionário como único meio de amenizar "as dores de parto" da nova sociedade. Conclama ao boicote fiscal e à resistência armada.	exerce o cargo de editor do *Neue Rheinische Zeitung*, recém-criado por ele e Marx. Participa, em setembro, do Comitê de Segurança Pública criado para rechaçar a contrarrevolução, durante grande ato popular promovido pelo *Neue Rheinische Zeitung*. O periódico sofre suspensões, mas prossegue ativo. Procurado pela polícia, tenta se exilar na Bélgica, onde é preso e depois expulso. Muda-se para a Suíça.
1849	Marx e Engels são absolvidos em processo por participação nos distúrbios de Colônia (ataques a autoridades publicados no *Neue Rheinische Zeitung*). Ambos defendem a liberdade de imprensa na Alemanha. Marx é convidado a deixar o país, mas ainda publicaria *Trabalho assalariado e capital* [*Lohnarbeit und Kapital*]. O periódico, em difícil situação, é extinto (maio). Marx, em condição financeira precária (vende os próprios móveis para pagar as dívidas), tenta voltar a Paris, mas, impedido de ficar, é obrigado a deixar a cidade em 24 horas. Graças a uma campanha de arrecadação de fundos promovida por Ferdinand Lassalle na Alemanha, Marx se estabelece com a família em Londres, onde nasce Guido, seu quarto filho (novembro).	Em janeiro, Engels retorna a Colônia. Em maio, toma parte militarmente na resistência à reação. À frente de um batalhão de operários, entra em Elberfeld, motivo pelo qual sofre sanções legais por parte das autoridades prussianas, enquanto Marx é convidado a deixar o país. Publicado o último número do *Neue Rheinische Zeitung*. Marx e Engels vão para o sudoeste da Alemanha, onde Engels envolve-se no levante de Baden-Palatinado, antes de seguir para Londres.
1850	Ainda em dificuldades financeiras, organiza a ajuda aos emigrados alemães. A Liga dos Comunistas reorganiza as sessões locais e é fundada a Sociedade Universal dos Comunistas Revolucionários, cuja liderança logo se fraciona. Edita em Londres a *Neue Rheinische Zeitung* [Nova Gazeta Renana], revista de economia política, bem como *Lutas de classe na França* [*Die Klassenkämpfe in Frankreich*]. Morre o filho Guido.	Publica *A guerra dos camponeses na Alemanha* [*Der deutsche Bauernkrieg*]. Em novembro, retorna a Manchester, onde viverá por vinte anos, e às suas atividades na Ermen & Engels; o êxito nos negócios possibilita ajudas financeiras a Marx.
1851	Continua em dificuldades, mas, graças ao êxito dos negócios de Engels em Manchester, conta com ajuda financeira. Dedica-se intensamente aos estudos de economia na biblioteca do Museu Britânico. Aceita o convite de trabalho do *New York Daily Tribune*, mas é Engels	Engels, juntamente com Marx, começa a colaborar com o Movimento Cartista [Chartist Movement]. Estuda língua, história e literatura eslava e russa.

	Karl Marx	Friedrich Engels
	quem envia os primeiros textos, intitulados "Contrarrevolução na Alemanha", publicados sob a assinatura de Marx. Hermann Becker publica em Colônia o primeiro e único tomo dos *Ensaios escolhidos de Marx*. Nasce Francisca (28 de março), quinta de seus filhos.	
1852	Envia ao periódico *Die Revolution*, de Nova York, uma série de artigos sobre *O 18 de brumário de Luís Bonaparte* [*Der achtzehnte Brumaire des Louis Bonaparte*]. Sua proposta de dissolução da Liga dos Comunistas é acolhida. A difícil situação financeira é amenizada com o trabalho para o *New York Daily Tribune*. Morre a filha Francisca, nascida um ano antes.	Publica *Revolução e contrarrevolução na Alemanha* [*Revolution und Konterevolution in Deutschland*]. Com Marx, elabora o panfleto *O grande homem do exílio* [*Die grossen Männer des Exils*] e uma obra, hoje desaparecida, chamada *Os grandes homens oficiais da Emigração*; nela, atacam os dirigentes burgueses da emigração em Londres e defendem os revolucionários de 1848-9. Expõem, em cartas e artigos conjuntos, os planos do governo, da polícia e do judiciário prussianos, textos que teriam grande repercussão.
1853	Marx escreve, tanto para o *New York Daily Tribune* quanto para o *People's Paper*, inúmeros artigos sobre temas da época. Sua precária saúde o impede de voltar aos estudos econômicos interrompidos no ano anterior, o que faria somente em 1857. Retoma a correspondência com Lassalle.	Escreve artigos para o *New York Daily Tribune*. Estuda o persa e a história dos países orientais. Publica, com Marx, artigos sobre a Guerra da Crimeia.
1854	Continua colaborando com o *New York Daily Tribune*, dessa vez com artigos sobre a revolução espanhola.	
1855	Começa a escrever para o *Neue Oder Zeitung*, de Breslau, e segue como colaborador do *New York Daily Tribune*. Em 16 de janeiro nasce Eleanor, sua sexta filha, e em 6 de abril morre Edgar, o terceiro.	Escreve uma série de artigos para o periódico *Putman*.
1856	Ganha a vida redigindo artigos para jornais. Discursa sobre o progresso técnico e a revolução proletária em uma festa do *People's Paper*. Estuda a história e a civilização dos povos eslavos. A esposa Jenny recebe uma herança da mãe, o que permite que a família mude para um apartamento mais confortável.	Acompanhado da mulher, Mary Burns, Engels visita a terra natal dela, a Irlanda.
1857	Retoma os estudos sobre economia política, por considerar iminente nova crise econômica europeia. Fica no Museu Britânico das nove da manhã às sete da noite e trabalha madrugada adentro. Só descansa quando adoece e aos	Adoece gravemente em maio. Analisa a situação no Oriente Médio, estuda a questão eslava e aprofunda suas reflexões sobre temas militares. Sua contribuição para a *New American Encyclopaedia* [Nova Enciclopédia

	Karl Marx	**Friedrich Engels**
	domingos, nos passeios com a família em Hampstead. O médico o proíbe de trabalhar à noite. Começa a redigir os manuscritos que viriam a ser conhecidos como *Grundrisse der Kritik der Politischen Ökonomie* [Esboços de uma crítica da economia política], e que servirão de base à obra *Para a crítica da economia política* [*Zur Kritik der Politischen Ökonomie*]. Escreve a célebre *Introdução de 1857*. Continua a colaborar no *New York Daily Tribune*. Escreve artigos sobre Jean-Baptiste Bernadotte, Simón Bolívar, Gebhard Blücher e outros na *New American Encyclopaedia* [Nova Enciclopédia Americana]. Atravessa um novo período de dificuldades financeiras e tem um novo filho, natimorto.	Americana], versando sobre as guerras, faz de Engels um continuador de Von Clausewitz e um precursor de Lenin e Mao Tsé-Tung. Continua trocando cartas com Marx, discorrendo sobre a crise na Europa e nos Estados Unidos.
1858	O *New York Daily Tribune* deixa de publicar alguns de seus artigos. Marx dedica-se à leitura de *Ciência da lógica* [*Wissenschaft der Logik*] de Hegel. Agravam-se os problemas de saúde e a penúria.	Engels dedica-se ao estudo das ciências naturais.
1859	Publica em Berlim *Para a crítica da economia política*. A obra só não fora publicada antes porque não havia dinheiro para postar o original. Marx comentaria: "Seguramente é a primeira vez que alguém escreve sobre o dinheiro com tanta falta dele". O livro, muito esperado, foi um fracasso. Nem seus companheiros mais entusiastas, como Liebknecht e Lassalle, o compreenderam. Escreve mais artigos no *New York Daily Tribune*. Começa a colaborar com o periódico londrino *Das Volk*, contra o grupo de Edgar Bauer. Marx polemiza com Karl Vogt (a quem acusa de ser subsidiado pelo bonapartismo), Blind e Freiligrath.	Faz uma análise, junto com Marx, da teoria revolucionária e suas táticas, publicada em coluna do *Das Volk*. Escreve o artigo "Po und Rhein" [Pó e Reno], em que analisa o bonapartismo e as lutas liberais na Alemanha e na Itália. Enquanto isso, estuda gótico e inglês arcaico. Em dezembro, lê o recém-publicado *A origem das espécies* [*The Origin of Species*], de Darwin.
1860	Vogt começa uma série de calúnias contra Marx, e as querelas chegam aos tribunais de Berlim e Londres. Marx escreve *Herr Vogt* [Senhor Vogt].	Engels vai a Barmen para o sepultamento de seu pai (20 de março). Publica a brochura *Savoia, Nice e o Reno* [*Savoyen, Nizza und der Rhein*], polemizando com Lassalle. Continua escrevendo para vários periódicos, entre eles o *Allgemeine Militar Zeitung*. Contribui com artigos sobre o conflito de secessão nos Estados Unidos no *New York Daily Tribune* e no jornal liberal *Die Presse*.
1861	Enfermo e depauperado, Marx vai à Holanda, onde o tio Lion Philiph concorda em adiantar-lhe uma quantia, por conta da herança de sua mãe. Volta a Berlim e projeta	

	Karl Marx	**Friedrich Engels**
	com Lassalle um novo periódico. Reencontra velhos amigos e visita a mãe em Trier. Não consegue recuperar a nacionalidade prussiana. Regressa a Londres e participa de uma ação em favor da libertação de Blanqui. Retoma seus trabalhos científicos e a colaboração com o *New York Daily Tribune* e o *Die Presse* de Viena.	
1862	Trabalha o ano inteiro em sua obra científica e encontra-se várias vezes com Lassalle para discutirem seus projetos. Em suas cartas a Engels, desenvolve uma crítica à teoria ricardiana sobre a renda da terra. O *New York Daily Tribune*, justificando-se com a situação econômica interna norte-americana, dispensa os serviços de Marx, o que reduz ainda mais seus rendimentos. Viaja à Holanda e a Trier, e novas solicitações ao tio e à mãe são negadas. De volta a Londres, tenta um cargo de escrevente da ferrovia, mas é reprovado por causa da caligrafia.	
1863	Marx continua seus estudos no Museu Britânico e se dedica também à matemática. Começa a redação definitiva de *O capital* [*Das Kapital*] e participa de ações pela independência da Polônia. Morre sua mãe (novembro), deixando-lhe algum dinheiro como herança.	Morre, em Manchester, Mary Burns, companheira de Engels (6 de janeiro). Ele permaneceria morando com a cunhada Lizzie. Esboça, mas não conclui, um texto sobre rebeliões camponesas.
1864	Malgrado a saúde, continua a trabalhar em sua obra científica. É convidado a substituir Lassalle (morto em duelo) na Associação Geral dos Operários Alemães. O cargo, entretanto, é ocupado por Becker. Apresenta o projeto e o estatuto de uma Associação Internacional dos Trabalhadores, durante encontro internacional no Saint Martin's Hall de Londres. Marx elabora o Manifesto de Inauguração da Associação Internacional dos Trabalhadores.	Engels participa da fundação da Associação Internacional dos Trabalhadores, depois conhecida como a Primeira Internacional. Torna-se coproprietário da Ermen & Engels. No segundo semestre, contribui, com Marx, para o *Sozial-Demokrat*, periódico da social-democracia alemã que populariza as ideias da Internacional na Alemanha.
1865	Conclui a primeira redação de *O capital* e participa do Conselho Central da Internacional (setembro), em Londres. Marx escreve *Salário, preço e lucro* [*Lohn, Preis und Profit*]. Publica no *Sozial-Demokrat* uma biografia de Proudhon, morto recentemente. Conhece o socialista francês Paul Lafargue, seu futuro genro.	Recebe Marx em Manchester. Ambos rompem com Schweitzer, diretor do *Sozial-Demokrat*, por sua orientação lassalliana. Suas conversas sobre o movimento da classe trabalhadora na Alemanha resultam em artigo para a imprensa. Engels publica *A questão militar na Prússia e o Partido Operário Alemão* [*Die preussische Militärfrage und die deutsche Arbeiterpartei*].

	Karl Marx	Friedrich Engels
1866	Apesar dos intermináveis problemas financeiros e de saúde, Marx conclui a redação do primeiro livro de *O capital*. Prepara a pauta do primeiro Congresso da Internacional e as teses do Conselho Central. Pronuncia discurso sobre a situação na Polônia.	Escreve a Marx sobre os trabalhadores emigrados da Alemanha e pede a intervenção do Conselho Geral da Internacional.
1867	O editor Otto Meissner publica, em Hamburgo, o primeiro volume de *O capital*. Os problemas de Marx o impedem de prosseguir no projeto. Redige instruções para Wilhelm Liebknecht, recém-ingressado na Dieta prussiana como representante social-democrata.	Engels estreita relações com os revolucionários alemães, especialmente Liebknecht e Bebel. Envia carta de congratulações a Marx pela publicação do primeiro volume de *O capital*. Estuda as novas descobertas da química e escreve artigos e matérias sobre *O capital*, com fins de divulgação.
1868	Piora o estado de saúde de Marx, e Engels continua ajudando-o financeiramente. Marx elabora estudos sobre as formas primitivas de propriedade comunal, em especial sobre o *mir* russo. Corresponde-se com o russo Danielson e lê Dühring. Bakunin se declara discípulo de Marx e funda a Aliança Internacional da Social-Democracia. Casamento da filha Laura com Lafargue.	Engels elabora uma sinopse do primeiro volume de *O capital*.
1869	Liebknecht e Bebel fundam o Partido Operário Social-Democrata alemão, de linha marxista. Marx, fugindo das polícias da Europa continental, passa a viver em Londres, com a família, na mais absoluta miséria. Continua os trabalhos para o segundo livro de *O capital*. Vai a Paris sob nome falso, onde permanece algum tempo na casa de Laura e Lafargue. Mais tarde, acompanhado da filha Jenny, visita Kugelmann em Hannover. Estuda russo e a história da Irlanda. Corresponde-se com De Paepe sobre o proudhonismo e concede uma entrevista ao sindicalista Haman sobre a importância da organização dos trabalhadores.	Em Manchester, dissolve a empresa Ermen & Engels, que havia assumido após a morte do pai. Com um soldo anual de 350 libras, auxilia Marx e sua família; com ele, mantém intensa correspondência. Começa a contribuir com o *Volksstaat*, o órgão de imprensa do Partido Social-Democrata alemão. Escreve uma pequena biografia de Marx, publicada no *Die Zukunft* (julho). Lançada a primeira edição russa do *Manifesto Comunista*. Em setembro, acompanhado de Lizzie, Marx e Eleanor, visita a Irlanda.
1870	Continua interessado na situação russa e em seu movimento revolucionário. Em Genebra instala-se uma seção russa da Internacional, na qual se acentua a oposição entre Bakunin e Marx, que redige e distribui uma circular confidencial sobre as atividades dos bakunistas e sua aliança. Redige o primeiro comunicado da Internacional sobre a guerra franco-prussiana e exerce, a partir do Conselho	Engels escreve *História da Irlanda* [*Die Geschichte Irlands*]. Começa a colaborar com o periódico inglês *Pall Mall Gazette*, discorrendo sobre a guerra franco-prussiana. Deixa Manchester em setembro, acompanhado de Lizzie, e instala-se em Londres para promover a causa comunista. Lá continua escrevendo para o *Pall Mall Gazette*, dessa vez sobre o desenvolvimento

	Karl Marx	**Friedrich Engels**
	Central, uma grande atividade em favor da República francesa. Por meio de Serrailler, envia instruções para os membros da Internacional presos em Paris. A filha Jenny colabora com Marx em artigos para *A Marselhesa* sobre a repressão dos irlandeses por policiais britânicos.	das oposições. É eleito por unanimidade para o Conselho Geral da Primeira Internacional. O contato com o mundo do trabalho permitiu a Engels analisar, em profundidade, as formas de desenvolvimento do modo de produção capitalista. Suas conclusões seriam utilizadas por Marx em *O capital*.
1871	Atua na Internacional em prol da Comuna de Paris. Instrui Frankel e Varlin e redige o folheto *Der Bürgerkrieg in Frankreich* [A guerra civil na França]. É violentamente atacado pela imprensa conservadora. Em setembro, durante a Internacional em Londres, é reeleito secretário da seção russa. Revisa o primeiro volume de *O capital* para a segunda edição alemã.	Prossegue suas atividades no Conselho Geral e atua junto à Comuna de Paris, que instaura um governo operário na capital francesa entre 26 de março e 28 de maio. Participa com Marx da Conferência de Londres da Internacional.
1872	Acerta a primeira edição francesa de *O capital* e recebe exemplares da primeira edição russa, lançada em 27 de março. Participa dos preparativos do V Congresso da Internacional em Haia, quando se decide a transferência do Conselho Geral da organização para Nova York. Jenny, a filha mais velha, casa-se com o socialista Charles Longuet.	Redige com Marx uma circular confidencial sobre supostos conflitos internos da Internacional, envolvendo bakunistas na Suíça, intitulado *As pretensas cisões na Internacional* [*Die angeblichen Spaltungen in der Internationale*]. Ambos intervêm contra o lassalianismo na social-democracia alemã e escrevem um prefácio para a nova edição alemã do *Manifesto Comunista*. Engels participa do Congresso da Associação Internacional dos Trabalhadores.
1873	Impressa a segunda edição de *O capital* em Hamburgo. Marx envia exemplares a Darwin e Spencer. Por ordens de seu médico, é proibido de realizar qualquer tipo de trabalho.	Com Marx, escreve para periódicos italianos uma série de artigos sobre as teorias anarquistas e o movimento das classes trabalhadoras.
1874	Negada a Marx a cidadania inglesa, "por não ter sido fiel ao rei". Com a filha Eleanor, viaja a Karlsbad para tratar da saúde numa estação de águas.	Prepara a terceira edição de *A guerra dos camponeses alemães*.
1875	Continua seus estudos sobre a Rússia. Redige observações ao Programa de Gotha, da social-democracia alemã.	Por iniciativa de Engels, é publicada *Crítica do Programa de Gotha* [*Kritik des Gothaer Programms*], de Marx.
1876	Continua o estudo sobre as formas primitivas de propriedade na Rússia. Volta com Eleanor a Karlsbad para tratamento.	Elabora escritos contra Dühring, discorrendo sobre a teoria marxista, publicados inicialmente no *Vorwärts!* e transformados em livro posteriormente.
1877	Marx participa de campanha na imprensa contra a política de Gladstone em relação à Rússia e trabalha no segundo volume de *O capital*. Acometido novamente de insônias e transtornos nervosos, viaja com a esposa e a filha Eleanor para descansar em Neuenahr e na Floresta Negra.	Conta com a colaboração de Marx na redação final do *Anti-Dühring* [*Herrn Eugen Dühring's Umwälzung der Wissenschaft*]. O amigo colabora com o capítulo 10 da parte 2 ("Da história crítica"), discorrendo sobre a economia política.

	Karl Marx	**Friedrich Engels**
1878	Paralelamente ao segundo volume de *O capital*, Marx trabalha na investigação sobre a comuna rural russa, complementada com estudos de geologia. Dedica-se também à *Questão do Oriente* e participa de campanha contra Bismarck e Lothar Bücher.	Publica o *Anti-Dühring* e, atendendo a pedido de Wolhelm Bracke feito um ano antes, publica pequena biografia de Marx, intitulada *Karl Marx*. Morre Lizzie.
1879	Marx trabalha nos volumes II e III de *O capital*.	
1880	Elabora um projeto de pesquisa a ser executado pelo Partido Operário francês. Torna-se amigo de Hyndman. Ataca o oportunismo do periódico *Sozial-Demokrat* alemão, dirigido por Liebknecht. Escreve as *Randglossen zu Adolph Wagners Lehrbuch der politischen Ökonomie* [Glosas marginais ao tratado de economia política de Adolph Wagner]. Bebel, Bernstein e Singer visitam Marx em Londres.	Engels lança uma edição especial de três capítulos do *Anti-Dühring*, sob o título *Socialismo utópico e científico* [*Die Entwicklung des Socialismus Von der Utopie zur Wissenschaft*]. Marx escreve o prefácio do livro. Engels estabelece relações com Kautsky e conhece Bernstein.
1881	Prossegue os contatos com os grupos revolucionários russos e mantém correspondência com Zasulitch, Danielson e Nieuwenhuis. Recebe a visita de Kautsky. Jenny, sua esposa, adoece. O casal vai a Argenteuil visitar a filha Jenny e Longuet. Morre Jenny Marx.	Enquanto prossegue em suas atividades políticas, estuda a história da Alemanha e prepara *Labor Standard*, um diário dos sindicatos ingleses. Escreve um obituário pela morte de Jenny Marx (8 de dezembro).
1882	Continua as leituras sobre os problemas agrários da Rússia. Acometido de pleurisia, visita a filha Jenny em Argenteuil. Por prescrição médica, viaja pelo Mediterrâneo e pela Suíça. Lê sobre física e matemática.	Redige com Marx um novo prefácio para a edição russa do *Manifesto Comunista*.
1883	A filha Jenny morre em Paris (janeiro). Deprimido e muito enfermo, com problemas respiratórios, Marx morre em Londres, em 14 de março. É sepultado no Cemitério de Highgate.	Começa a esboçar *A dialética da natureza* [*Dialektik der Natur*], publicada postumamente em 1927. Escreve outro obituário, dessa vez para a filha de Marx, Jenny. No sepultamento de Marx, profere o que ficaria conhecido como *Discurso diante da sepultura de Marx* [*Das Begräbnis von Karl Marx*]. Após a morte do amigo, publica uma edição inglesa do primeiro volume de *O capital*; imediatamente depois, prefacia a terceira edição alemã da obra, e já começa a preparar o segundo volume.
1884		Publica *A origem da família, da propriedade privada e do Estado* [*Der Ursprung der Familie, des Privateigentum und des Staates*].
1885		Editado por Engels, é publicado o segundo volume de *O capital*.

	Karl Marx	Friedrich Engels
1887		Karl Kautsky conclui o artigo "O socialismo jurídico", resposta de Engels a um livro do jurista Anton Menger, e o publica sem assinatura na *Neue Zeit*.
1894		Também editado por Engels, é publicado o terceiro volume de *O capital*. O mundo acadêmico ignorou a obra por muito tempo, embora os principais grupos políticos logo tenham começado a estudá-la. Engels publica os textos *Contribuição à história do cristianismo primitivo* [*Zur Geschischte des Urchristentums*] e *A questão camponesa na França e na Alemanha* [*Die Bauernfrage in Frankreich und Deutschland*].
1895		Redige uma nova introdução para *As lutas de classes na França*. Após longo tratamento médico, Engels morre em Londres (5 de agosto). Suas cinzas são lançadas ao mar em Eastbourne. Dedicou-se até o fim da vida a completar e traduzir a obra de Marx, ofuscando a si próprio e a sua obra em favor do que ele considerava a causa mais importante.

COLEÇÃO MARX-ENGELS

O 18 de brumário de Luís Bonaparte
Karl Marx

Anti-Dühring: a revolução da ciência segundo o senhor Eugen Dühring
Friedrich Engels

O capital: crítica da economia política, Livro I: *O processo de produção do capital*
Karl Marx

O capital: crítica da economia política, Livro II: *O processo de circulação do capital*
Karl Marx
Edição de **Friedrich Engels**

O capital: crítica da economia política, Livro III: *O processo global da produção capitalista*
Karl Marx
Edição de **Friedrich Engels**

Crítica da filosofia do direito de Hegel
Karl Marx

Crítica do Programa de Gotha
Karl Marx

Os despossuídos: debates sobre a lei referente ao furto de madeira
Karl Marx

Dialética da natureza
Friedrich Engels

Diferença entre a filosofia da natureza de Demócrito e a de Epicuro
Karl Marx

Esboço para uma crítica da economia política
Friedrich Engels

Escritos ficcionais: Escorpião e Félix / Oulanem
Karl Marx

Grundrisse: manuscritos econômicos de 1857-1858 – Esboços da crítica da economia política
Karl Marx

A guerra civil dos Estados Unidos
Karl Marx e **Friedrich Engels**

A guerra civil na França
Karl Marx

A ideologia alemã
Karl Marx e **Friedrich Engels**

Lutas de classes na Alemanha
Karl Marx e **Friedrich Engels**

As lutas de classes na França de 1848 a 1850
Karl Marx

Lutas de classes na Rússia
Karl Marx e **Friedrich Engels**

Manifesto Comunista
Karl Marx e **Friedrich Engels**

Manuscritos econômico-filosóficos
Karl Marx

Miséria da filosofia
Karl Marx

A origem da família, da propriedade privada e do Estado
Friedrich Engels

A sagrada família
Karl Marx e **Friedrich Engels**

A situação da classe trabalhadora na Inglaterra
Friedrich Engels

Sobre a questão da moradia
Friedrich Engels

Sobre a questão judaica
Karl Marx

Sobre o suicídio
Karl Marx

O socialismo jurídico
Friedrich Engels e **Karl Kautsky**

Últimos escritos econômicos
Karl Marx

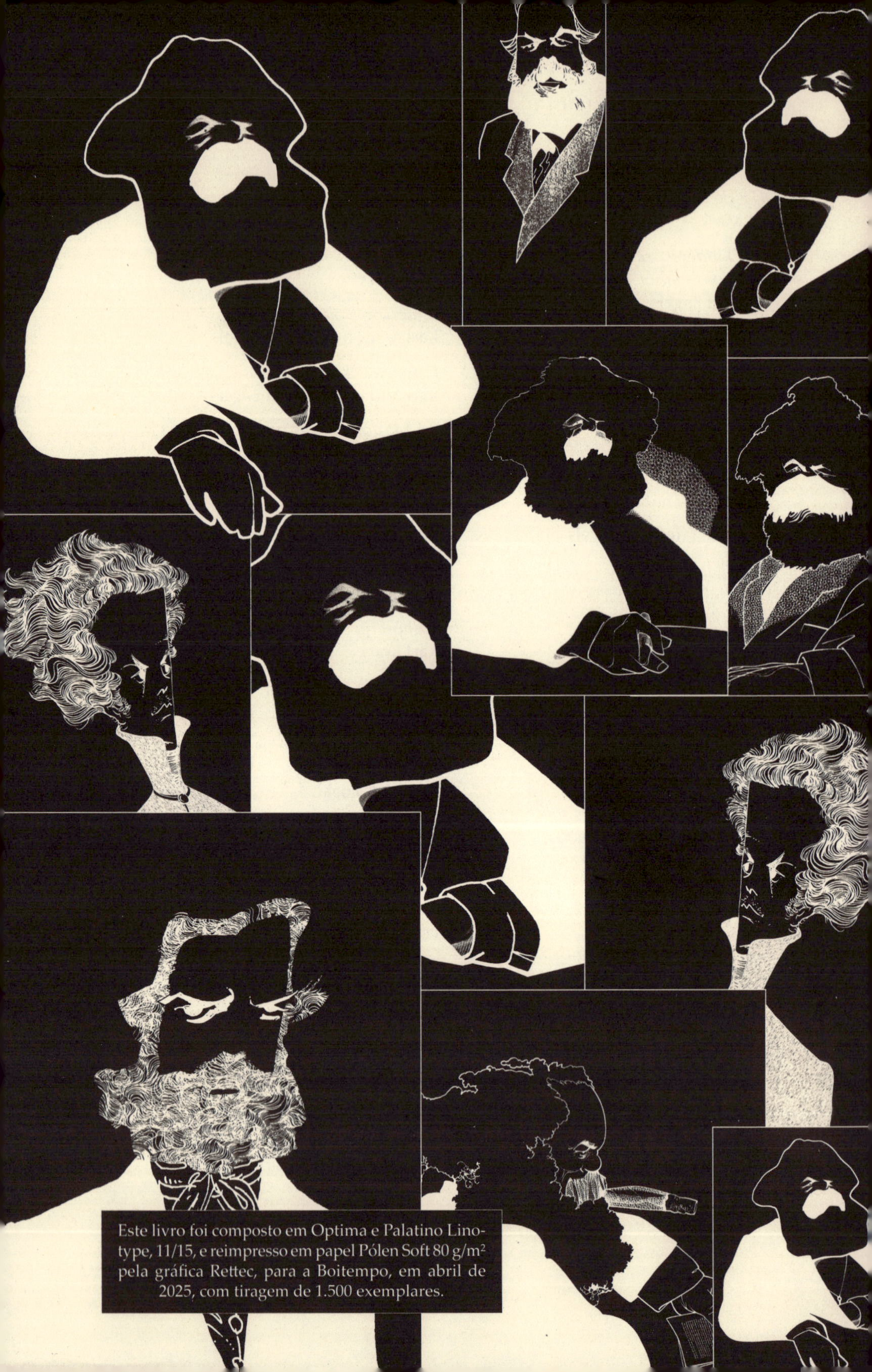

Este livro foi composto em Optima e Palatino Linotype, 11/15, e reimpresso em papel Pólen Soft 80 g/m² pela gráfica Rettec, para a Boitempo, em abril de 2025, com tiragem de 1.500 exemplares.